바오밥나무는 내게 비우라 하네

Copyright ⓒ 2009 by Janice McLaughlin.
Illustrations copyright ⓒ 2009 by Charles Chazike and Justin Gope.
Ostriches, Dung Beetles, and Other Spiritual Masters By Janice McLaughlin
First Published by : Orbis Books, Price Building P.O. Box 302 Maryknoll,
NY 10545-0302
U.S.A.
All rights reserved.

No part of this publication may be reproduced or transmitted in any form or by any means, electronic or mechanical, including photocopying, recording or any information storage or retrieval system, without prior permission in writing from the publisher.

Korean translation copyright ⓒ 2012 by Book21 Publishing Group.
This Korean edition published by arrangement with Orbis Books, USA
through Yu Ri Jang Literary Agency, Korea.

이 책의 한국어판 저작권은 유리장 에이전시를 통해 저작권자와 독점 계약한 (주)북이십일에 있습니다.
신 저작권법에 의해 한국 내에서 보호를 받는 저작물이므로 무단전재와 무단복제를 금합니다.

순수의 땅 아프리카가 들려주는 영혼의 지혜

바오밥나무는
내게 비우라 하네

제니스 맥로플린 지음 | 공경희 옮김

21세기북스

해야 할 일

가구, 옷, 그릇 할 것 없이
가진 것을 모두 꺼낸다.
소중히 간직했던 것을
모두 다 꺼낸 다음
숲에게 돌려준다.

이제 하늘과
산, 먼 풍경, 강, 나무,
큰 암석, 동물, 새,
벌레를 끌어들여
방에 풀어놓는다.

이제
어디서든 무릎을 꿇고
감사를 드린다.

찰스 멍고시
「우유 배달원은 우유만 배달하지 않는다 The Milkman Doesn't Only Deliver Milk」
바오밥 북스, 하라레, 1998.

추천의 글

제니스 맥로플린 수녀는 풍성하고 환상적인 인생을 살아온 사람이다. 메리놀 수녀회 소속으로 아프리카 대륙의 다양한 민족을 경험하며, 그들을 비판하지 않고 여러 문화에 깊숙이 파고들 기회를 누렸다. 그녀는 신앙으로, 또 너그럽고 연민 가득하며 유머러스한 시선으로 모든 것을 관찰하면서 내각 수반부터 마을 아이들, 민주화 투사들, 고향을 떠난 적 없는 할머니들까지 다양한 세대의 사람들과 따뜻한 우정을 쌓는다. 아프리카에서 보낸 시간 동안 제니스 수녀는 자연에서 창조주에 대해 배울 수 있는 모든 것에 겸허히 순응해 살아가면서, 일상에 적용할 만한 귀한 지혜를 얻었다. 그리고 이 멋진 책을 통해 대단히 독창적이면서 대담한 방식으로 그 지혜를 우리에게 나누어 주었다.

각 장은 동물이나 새, 식물에 대한 설명으로 시작하지만 흔히 예상할 수 있는 내용은 아니다. 사람들은 개의 충성심에 깊이 감동한다. 사람의 감정에 공감해서 기쁨과 슬픔을 공유하고, 존재하는 것만으로도 위로를 주는 그 능력에 감탄한다(유명한 신학자인 매튜 폭스는 그의 개를 '영적 지도자'라고 말했다). 하지만 타조나 흑멧돼지, 쇠똥구리에게 뭔가 배울 수 있다고 생각이나 했겠는가? 제니스 수녀는 자신의 경험과 함께 동식물에 대해 우리가 몰랐던 이야기를 들려준다. 그녀는 이언 스미스(짐바브웨 출신 백인 정치인으로 총리로 있다가 내외의 압력으로 흑인에게 정권을 이양했다-옮긴이) 치하의 짐바브웨에서 3주간 수감된 적이 있었다. 제니스 수녀는 이때의 일을 "내가 누린 최고의 휴식"이라고 묘사했다.

제니스는 몇 가지 간단한 인용구로 '야생의 지혜'를 예수의 말과 삶에 접목시켰다. 그녀는 기린에게 유연성과 새롭고 다른 가치에 적응하는 법을 배웠다. 그것은 마사이 마을에서 지낼 때 필요한 자질이었다. 자긍심 높은 사자에게서 긴장 이완과 장난스러움의 중요성을 배웠다. 하마는 자신을 받아들이는 법을 가르쳐주었다.

그녀를 보면 성경 구절에 대한 사려 깊은 생각, 다른 문화권 사람들과 우정을 쌓고 공감하는 특출한 능력이 신과의 교제를 통한 깊은 영적 성찰에서 비롯되었음을 깨닫게 된다. 교외 지역에서 안락하게 사는 이들에게 제니스의 삶은 이국적이겠지만, 그녀가 터득한 그 교훈은 우리 모두에게 필요하다.

2008년 6월 케이프타운,

앤 호프

(남아프리카 클라인몬드 '그레일 센터Grail Centre' 공동 설립자)

일러두기 이 책의 성경 구절은 대한성서공회에서 제공하는 공동번역을 기초로 했다.

아프리카 야생의 지혜를 전하며

나는 30년 넘게 아프리카 대륙의 숨 막히는 아름다움에 젖어서 살아왔다. 그리고 킬리만자로에서 케이프타운에 이르는 지역 주민들과 함께하는 특권을 누렸다. 그들은 아프리카를 에덴동산으로 만드는 풍성한 야생의 자연과 어울려 살아간다. 또한 이곳은 내가 이 대자연을 만들어낸 창조주와 가장 깊이 교제하고 교감하는 곳이기도 하다.

나는 이 대륙에 머물며 자연과 문화의 밀접한 관계를 파악했다. 예컨대 짐바브웨의 쇼나 부족과 은데벨레 부족은 태어날 때 각자 토템(숭배되는 표상―옮긴이)을 받는다. 토템은 그것을 가진 사람을 보호하고 이끌어주는 수호 동물이다. 토템은 부족들 사이에서 신분을 나타내는 수단이며, 서로 소개받을 때 쓰이기도 한다. 같은 토템을 가진 사람들은 곧 친밀감을 느끼고 친족이라도 되는 듯 정을 나누기 시작한다. 자기 토템의 고기를 먹는 것은 금기 사항이며, 같은 토템을 가진 사람과 결혼하는 것도 금지된다. 자기 토템의 성격을 그대로 드러내는 사람들도 있다. 예를 들어 토템이 토끼인 아이는 대단히 영리하고 장난꾸러기인 반면, 토템이 버팔로인 아이는 강하고 믿음직할 수도 있다.

7년간 함께 일한 케냐인들은 내게 나비를 토템으로 주었다. 내가 이 사업, 저 사업 벌이며 항상 옮겨 다니기 때문이었다. 나비는 지금까지도 나와 딱 맞아떨어지는 토템이다! 나는 나비를 부활의 상징으로 생각하며 소중히 여긴다. 그것은 어쩌면 내가 늘 죽음을 직시하며, 고통과 고난에서 벗어나 더 나은 삶을 갈망했기 때문인지도 모른다. 나는 나비처럼 일상 속의 작은 죽음들을 통과해, 개인적인 야망, 계획으로 인한 꿈을 내려놓으면서 수없이 다시 태어났다.

나는 이 대륙에서 지루한 줄 모르고 다양한 국립공원을 찾아다녔고, 공원 관리인들이 들려주는 이야기에 매료되었다. 그들은 야생 동식물의 습관과 환경에 대해 설명해주었는데, 나는 동물의 습관에 대해 알아가면서 인간의 행동과 유사점을 깨닫기 시작했다. 그리고 자연이 우리에게 어떤 특별한 가르침을 주는지 궁금해졌다. 우리가 뭔가 이루려고, 어딘가 가려고, 중요한 사람인 듯 보이려고 부산을 떨다가 놓치는 가르침이 있지는 않은지.

다른 사람들도 야생의 지혜에서 귀중한 것을 얻을 수 있지 않을까 해서, 내가 보고 느낀 것과 여러 사람들의 경험을 모두 끌어 모았다. 이 책은 그 결과물이다. 각 장은 동물의 특이한 습관이나 새, 곤충, 심지어 나무의 특성을 묘사하며 시작된다. 여기에 내가 이 자연스러운 지혜를 얻게 된 경험을 담았다.

이 지혜를, 모든 피조물에 깃든 메시지를 내가 보고 듣고 깨닫게 도와준 내 인생의 안내자들과 나누고 싶다.

차례

추천의 글	6
아프리카 야생의 지혜를 전하며	9

• 바오밥나무　　　　　　　　　　　　　　16
치유와 화해　작은 상처에서 얻은 지혜

• 버팔로　　　　　　　　　　　　　　　23
책임감 있는 리더십　함께 걸어주는 든든한 안내자

• 치타　　　　　　　　　　　　　　　　30
고독　내면의 소리에 조용히 귀 기울이는 시간

• 쇠똥구리　　　　　　　　　　　　　　36
끈기　한 걸음씩 내 길을 걷는 힘

• 코끼리　　　　　　　　　　　　　　　44
소통과 공동체　혼자는 행복할 수 없다

• 기린　　　　　　　　　　　　　　　　53
적응과 융통성　마음을 열고 먼저 손 내미는 법

- 악어　　　　　　　　　　　　　　　　　　62
  인내심　여유가 선사하는 오늘의 소중함

- 얼룩영양　　　　　　　　　　　　　　　71
  자유　힘든 시간 속에서 발견하는 희망

- 망치머리황새　　　　　　　　　　　　　80
  야망　꿈과 기적을 이끄는 원동력

- 하마　　　　　　　　　　　　　　　　　87
  겸손과 자기 수용　겸손한 자세로 진정한 나 마주하기

- 코뿔새　　　　　　　　　　　　　　　　94
  조건 없는 사랑　우리를 지지하는 한결같은 사랑

- 일런드영양　　　　　　　　　　　　　　101
  견디기　사랑과 연민의 위대한 능력

- 임팔라　　　　　　　　　　　　　　　　110
  변화에 열린 마음　변화는 삶이 건네는 즐거운 초대

- 사자   **117**
  장난기와 여가   노래하고 춤추고 기도하며 살라

- 타조   **124**
  조심성   슬기로운 선택을 내리는 길

- 올빼미   **132**
  용기   두려움 속에서 발견하는 강인함

- 고슴도치   **140**
  정의   용서에서 얻는 마음의 평화

- 코뿔소   **147**
  안정감   삶의 방향을 잃지 않는 법

- 사바나개코원숭이   **154**
  너그러움   베푼 만큼 돌아온다

- 점박이하이에나   **161**
  웃음   삶을 긍정하고 기쁨의 가치 받아들이기

- 아카시아 **167**
  고요함 영혼의 생기를 돋우는 잠깐의 고요

- 긴꼬리원숭이 **174**
  우정 '더불어 함께'의 힘

- 흑멧돼지 **181**
  지혜로움 부족함을 인정하는 현명함

- 산까치 **187**
  갈등에 대처하기 평화로운 관계를 가꾸는 첫걸음

- 검은꼬리누 **193**
  협력 하나 되어 가는 기쁨

- 얼룩말 **199**
  개성 차이, '나다움'의 다른 말

도움을 준 책들 **206**

바오밥나무
치유와 화해

거꾸로 심어진 것 같은 바오밥나무는 다른 것은 자라지 않는 덥고 건조한 기후에서 번식한다. 바오밥나무의 열매는 다양한 치약과 크림에 쓰이며, 꼬투리는 스폰지로, 나무껍질은 두들겨서 돗자리나 옷감으로 쓴다. 이렇듯 다양한 용도로 쓰이는 이 나무에게는 특이한 장점이 하나 있다. 바오밥나무는 병이 들면 병을 없애려고 스스로 안에서 폭발을 일으킨다. 그 때문에 나무 줄기에 코끼리가 공격해서 속을 파낸 듯한 큰 구멍이 생기는 것이다. 보기에는 흉해도 이렇게 해서 바오밥나무는 다시 건강해진다.

작은 상처에서 얻은 지혜

1991년, 남아프리카에 살던 성공회 사제인 마이클 랩슬리는 짐바브웨의 하라레 시에 있는 자택에서 폭탄이 든 우편물을 받았다. 랩슬리가 소포를 열자 폭탄이 터졌고, 그는 큰 부상을 입고 피를 흘리며 바닥에 쓰러졌다. 며칠 후 내가 하라레에 있는 병원으로 찾아갔을 때, 그의 양손은 잘려 나간 채 붕대를 감고 있었다. 또 한쪽 눈은 뚫린 상태였다. 하지만 그가 미소를 지으면서 내게 말했다.

"보어인들(남아프리카의 네덜란드 이주민들의 자손-옮긴이)이 실수를 저질렀습니다. 양손과 눈 하나를 앗아갔지만, 제게는 아직도 입이 있거든요. 그게 제 가장 강력한 무기니, 멈추지 않고 인종차별주의 타파에 힘쓰렵니다."

랩슬리가 1995년 인종차별정책과 게릴라전의 상처를 치유하기 위해 설립된 남아프리카공화국 '진실과 화해 위원회'에서 증언했을 때의 일이다. 그는 증언 중, 폭탄 소포를 보낸 사람에게 자신이 용서할 수 있도록 나타나 달라고 간청했다. 랩슬리는 증오와 복수심에 매달리지 않고, 바오밥 나무처럼 스스로 치유하기 위해 고통을 쫓아내버렸다. 그 과정에서 그를 공격한 자도 치유되었을 것이다.

로버트 슈라이터(가톨릭 선교학자-옮긴이)는 화해에 대한 저서에서, 먼저 손을 내밀어 상대를 용서하는 장본인은 대개 폭력과 상처를 입은 이들이라고 말한다. 처음에 나는 상처를 입은 탓을 피해자에게 돌려서 두 번 상처를 주는 말이라며 이 글에 격하게 반대했다. 하지만 차츰 나 자신이 작은 상처들을 내려놓는 법을 배우면서 여기에 담긴 지혜를 보기 시작했다. 고통을 붙들고 내 상처에 매달린다면 내 힘과 정체성을 가해자에게 넘겨주는 셈이다. 매일 어떻게 하면 똑같이 갚아줄지 궁리하고 계획하면서 가해자의 그늘 속에서 사는 것이다. 더 큰 고통을 돌려줄 수 있다는 것을 증명해서 그를 혼내주려고 한다. 그러면 내 삶은 복수를 모색하는 데서 맴돈다. 심리적이든 물리적이든 고통을 가하려는 환상 속에서 내 삶은 악몽이 되고, 나는 자기 파멸과 절망의 그물에 걸리고 만다.

남아프리카공화국의 첫 흑인 대통령 넬슨 만델라는 27년의 세월을 감옥에서 보냈지만, 그에게서 원한이나 괴로움은 보이지 않았다. 44년간 흑인들이 모국에서 인권을 박탈당하는 가혹한 인종차별을 경험한 남아공에서 만델라는 화해의 모델이 되었다. 『만델라 자서전-자유를 향한 머나먼 길』에서 그는 간수들에게 인간애의 불꽃을 발견한 덕분에 감옥에서 살아남을 수 있었다고 말한다.

"난 모든 인간의 마음속 깊은 곳에는 자비심과 너그러움이 있다는 것을 늘 알았다. 피부색이나 배경, 종교가 다르다고 해서 타인을 증오하며 태어나는 사람은 없다. 증오는 배우는 것이고, 사람들이 증오를 배울 수 있다면 사랑도 배울 수 있다. 증오보다는 사랑이 사람의 심성에 더 자연스럽게 다가오기 때문이다. 감옥에서 동지들과 극한 상황에 내

몰렸던 가장 암담한 시기에, 나는 어떤 간수에게서 인간성이 반짝이는 것을 보았다. 한순간이었지만, 위로를 얻고 계속 나아가기에 충분했다. 인간의 선의는 감출 순 있어도 꺼트릴 수는 없는 불꽃이다."

만델라는 복수심을 누르는 능력 덕분에 인종차별의 폐허에서 새 정부를 열 수 있었다. 그는 모든 인종과 부족이 찢어졌던 나라를 하나로 묶을 수 있었다. 투투 주교는 『신에게는 꿈이 있다God has a dream』에서 그것을 기적으로 묘사한다.

"우리는 파멸할 운명이었고 전멸할 처지였다. 과연 희망이 있었는지도 모르겠지만, 우리는 희망을 잃었다. 우리가 성공한 것은 똑똑해서가 아니다. 대단한 미덕이 있어서도 아니다. 우리가 성공한 것은 신이 그러기를 원했기 때문이다 …… 이것이 변화의 근원이다. 그러니 완전히 무기력한 상황 따위는 없다. 완전히 변화 불가능한 상황은 없다."

남아공의 변화라는 기적은, 가장 가망 없는 상황에서도 치유와 화해가 일어날 수 있음을 분명히 되새기게 해준다. 바오밥나무는 평생 안고 있는 분노와 고통을 몰아내고 변화의 가능성을 끌어안으라고 우리에게 가르쳐준다.

・・・

    누구나 살면서 한 번쯤은 부당한 대우를 받으며 억울한 감정을 느껴보았을 것이다. 그런 순간들을 떠올리며 그때 내가 어떤 생각을 하고 어떻게 행동했는지 되돌아보는 시간이 필요하다.

    어떤 기분이었는지, 어떻게든 되갚아주려 하지는 않았는지, 그런 생각을 했을 때 기분이 더 나아졌는지 자문해 보자. 내면을 들여다보기에 좋은 출발점이 될 것이다.

    만델라나 여기 등장한 랩슬리처럼 원수를 용서한 사람들을 이해하면서 그들에게서 배울 수 있는 것들을 고민하는 것도 좋은 방법이다.

버팔로
책임감 있는 리더십

위험하고 강하며 두려움을 모르는 아프리카 최고 인기 동물 '빅5'로 코끼리, 사자, 코뿔소, 표범과 함께 아프리카 버팔로(물소)가 꼽힌다. 사실 버팔로는 위험성에서 하마 다음이라 할 만하다. 방심하고 다가온 사람들을 뿔로 받거나 밟아 죽이기 때문이다. 아프리카 평원에서는 대규모 버팔로 떼를 흔히 볼 수 있다. 아프리카 버팔로는 평범한 소뿐 아니라 아시아와 아메리카 들소와도 관계가 있지만 혈통은 알려져 있지 않다. 소는 가혹한 아프리카의 기후에 적응하지 못하고 인간의 보살핌이 있어야 생존할 수 있는 반면, 버팔로는 생존을 위해 엄청난 양의 물과 풀이 필요하긴 해도 다양한 기후와 토양에서 잘 적응하며 살아간다. 동부·중부·남부 아프리카의 숲, 범람원, 사바나, 늪지에서 대규모 버팔로 떼를 발견할 수 있다. 버팔로는 강한 이빨과 유연한 혀 덕분에 다른 동물들이 씹거나 소화하지 못하는 길고 질긴 풀을 먹을 수 있다.

아프리카 버팔로는 사교적인 동물로 권력세습 습성이 없고, 50마리에서 1000마리에 이르는 암수컷이 섞여서 산다.

무리마다 리더 또는 길잡이가 있어서, 무리를 물과 초지로 이끈다. 길잡이가 앞에서 걷고 나머지 무리는 뒤에서 주로 한 줄로 따라간다. 리더는 위험을 피하는 법과 가뭄 중에도 물과 풀을 찾는 법을 안다. 리더가 없으면 버팔로는 건조한 평원에서 먹이와 물을 찾아 헤매다 죽게 될 것이다.

함께 걸어주는 든든한 안내자

 가끔 짐바브웨와 케냐에서 리더십 워크숍을 열면, 우리는 참가자들에게 뛰어난 리더나 인생의 롤모델을 말해달라고 한다. 참가자들에게 부정적인 영향뿐만 아니라 긍정적인 영향을 준 사람들을 떠올리게 한다. 그럴 때면 대부분의 사람들은 키워준 부모나 친척을 꼽고, 성장과 발전에 영향을 미친 선생님이나 종교 지도자를 꼽기도 한다. 만델라 대통령이나 투투 주교 같은 국가적 영웅이나 유명 인사가 롤모델이라고 말하는 이들도 있다.

 롤모델의 지도력을 탐구해보면, 어떤 공통점이 있음이 드러난다. 그들은 자기 이익보다 타인의 이익을 우선시한다. 잘 들어주고, 용기 있고, 삶에 대해 긍정적이다.

 대조적으로 참가자들에게 부정적인 역할을 한 사람들은 이기적이고 잔인하며 보살필 줄 모른다. 예수는 리더십에 대한 관점을 분명히 밝혔다. 그는 따르는 무리 앞에서 무릎 꿇고 발을 씻겨주면서, 그들도 그렇게 해야 한다고 말했다. 또 예수는 세속적인 리더들과는 대조되는 행동을 보이고, 추종자들에게 이상을 심어주었다.

"이 세상의 왕들은 강제로 백성을 다스린다. 그리고 백성들에게 권력을 휘두르는 사람들은 백성의 은인으로 행세한다. 그러나 너희는 그래서는 안 된다. 오히려 너희 중에서 제일 높은 사람은 제일 낮은 사람처럼 처신해야 하고 지배하는 사람은 섬기는 사람처럼 처신해야 한다."(누가복음 22:25-26)

독립한 탄자니아의 초대 대통령 줄리어스 니에레레는 그런 리더였다. 니에레레는 부와 권력을 탐하지 않고 겸손하고 유머 감각이 뛰어났으며, 기꺼이 실수를 인정했다. 1970년, 뉴욕의 메리놀 수녀회 총회에 연설하러 왔을 때 그를 처음 만났다. 니에레레는 우리에게 상관이 아닌 동반자로 사람들과 어울려 살면서 일하라고 말했다.

"교회가 일, 어려움, 지식, 박해, 발전을 나눠야 우리의 성장에 기여할 수 있습니다. 이는 모든 의미에서 '일원'으로서 나누는 것을 뜻합니다. 교회가 우리의 가난, 빈곤과 불의에 저항하는 투쟁의 일부분이 되지 못하면 우리의 일부가 되지 못합니다. …… 가난하고 억압받는 이들은 구호품이 아닌 불의에 대한 저항을 지지받기 위해 여러분을 찾아가야 될 겁니다."

27
버팔로

니에레레는 대통령 직에서 물러나자 고향집으로 돌아가서 농사를 지었다. 마을에 있지 않을 때는 국제회의와 모임에 가서 다양한 경험과 지혜를 나누었고, 권력의 함정에 빠지지 않고 소박하게 살았다. 그가 유엔을 방문했을 때 뉴욕에 거주하는 탄자니아인들은 날씨가 춥다며 코트를 갖다주었다. 니에레레는 마지못해 코트를 입어보고는, 마침 그를 만나러 온 메리놀 수녀회 소속 수녀에게 주면서 말했다. "나보다는 진 수녀님이 입으셔야겠습니다!"

그의 현명한 리더십 덕분에 탄자니아는 화합되고 평화로운 나라로 다른 아프리카 국가들에게 영감을 주는 모델이 되었다. 탄자니아의 가톨릭회가 선출권이 있다면 줄리어스 니에레레는 정치 지도자로는 최초로 성자로 추대될 것이다.

각 세대와 모든 국가와 사람들에게는 더 나은 미래를 제시할 수 있는 '스승' 같은 길 안내자가 필요하다. 우리는 이상에 따라 살며 우리를 따라오는 이들에게 책임감 있고 믿음직한 리더십을 제공하는 고결한 사람이 되어야 하는 소명이 있다.

∴

　많은 사람들이 인생의 고비마다 안내자가 있었으면 좋겠다고 바라곤 한다. '섬기는 리더'는 우리보다 낮은 곳에 임하면서도 올바른 길을 안내하는 이정표 같은 사람들이다. 섬기는 리더들이 걸어온 길, 삶의 흔적들을 따라가다 보면 자신의 인생도 빛나는 삶으로 꾸려가야겠다고 다짐하게 될 것이다.

　만약 지금 자신의 인생을 어디로 끌고 가야 할지 갈피를 잡을 수 없다면 인생의 이정표가 될 만한 훌륭한 리더를 찾아보자. 그런 다음 이들이 어떤 행동을 했는지, 왜 그런 행동을 했는지 곰곰이 생각해보자.

치타
고독

 속력을 낼 수 있게 가벼운 뼈와 긴 팔다리를 가진 치타는 세상에서 가장 빠른 육지 동물이다. 최고 속력 시속 120km로 달리는 덕분에 먹잇감을 놓치는 경우가 드물다. 표범을 제외한 여느 야생 고양이과 동물과 다르게 치타는 짝짓기와 새끼 양육을 위한 경우 외에는 혼자 사냥하고 혼자 산다.

 숫자가 많아야 안전하기에 치타처럼 혼자 사는 야생동물은 드물지만 치타는 날카로운 눈썰미와 엄청난 속도 덕분에 스스로 잘 보호할 수 있는 것 같았다. 새끼들은 1년 반 동안 사냥법을 배운 후 어미를 떠난다. 영역 확장과 짝짓기 가능성을 늘리기 위해 형제끼리 모여살기도 하지만, 어린 암컷들은 어미를 본받아 혼자서 살아간다.

내면의 소리에 조용히 귀 기울이는 시간

빠른 속도로 소란스럽게 돌아가는 미국에서 고독은 들어설 자리가 없다. 비행기, 기차, 지하철에 혼자 탄 승객들도 휴대전화로 통화를 하고 문자를 보내거나 아이팟으로 음악을 듣는다. 길을 걸으면서도 통화를 하거나 이어폰으로 음악을 듣는 사람이 많다. 혼자 사는 사람들은 저녁에 집에 돌아가 라디오와 텔레비전을 켜놓고 누군가와 같이 있는 느낌을 맛본다.

우리는 하루 동안 소음과 부산스러움에서 벗어나 주변 세상을 감상하는 기회를 얼마나 자주 가질까? 라디오, 텔레비전, 인터넷의 방해에서 벗어나 오롯이 자신과 있을 수 있는가? 시간을 내서 혼자 지내면서 일상의 경험을 되새기는가?

위에 말한 대로 한다면, 아마 당신은 시간을 낭비하고

있다는 기분이 들 것이다. 우리가 속해 있는 세상은 쉼 없이 움직이라고 재촉하기 때문이다. 이런 시간을 갖는 동안 어쩌면 당신은 경쟁에서 뒤처지고 있을지도 모른다는 생각에 불안해질 수도 있다. 하지만 신이 우리에게 말을 거는 순간은 바로 고독과 침묵 속에 있을 때다. 그렇기에 종일 들판에서 다른 동물들과 지내는 양과 소몰이꾼의 모습을 보며 나는 자주 그들을 부러워한다. 이들이 사는 세상에는 우리가 사는 곳보다 문명의 소음이 훨씬 덜하다. 그러므로 고독과 침묵 속에서 신과 함께하는 순간을 더 잘 느낄

수 있다.

예수는 이 아프리카의 목동들처럼 산업화되지 않은 세상에 살면서, 어부와 농부의 이야기를 빌어서 하느님 나라의 메시지를 전했다. 자주 부산한 전도에서 벗어나 홀로 떠나 기도했고, 제자들에게도 그리 하라고 가르쳤다.

내가 1961년 메리놀 수녀회에 들어갔을 때, 우리는 묵언 문화를 포함해 다양한 수도원 관습을 지켰다. 식사 시간이나 노동할 때는 말을 하지 않았다. 대화할 수 있는 시간은 따로 주어져 있었다. 텔레비전을 보거나 라디오도 들을 수 없었다. 극단적인 예지만, 이때 나는 혼자 있는 것, 오롯이 나 자신과 함께 하는 규율을 익힐 수 있었다. 혼자만의 시간은 꼭 필요하다. 내가 하느님에게 귀 기울이고, 다음 날을 위해 충전하는 시간도 바로 이때다.

남아공의 투투 주교는 대단히 활동적이고 외향적인 인물이다. 세계 곳곳에서 열리는 회의, 중요한 약속, 강연으로 스케줄이 꽉 차 있다. 그는 어떻게 이 모든 일을 감당하느냐는 질문을 받자, 매일 기도하고 홀로 있는 시간을 마련하며 한 달에 1주일은 조용히 묵상한다고 대답했다. 투투 주교는 독특한 유머 감각을 발휘하며, 매일 조용히 명상할 시간을 갖지 못하면 실제로 몸이 불편해진다고 말했다.

"양치질을 깜빡하는 것보다 더 불쾌하답니다."

그렇게 바쁜 사람도 신과 오붓하게 있을 시간을 낼 수 있는데 하물며 우리는 왜 그러지 못할까?

· · ·

우리는 늘 바쁘게 시간을 보낸다. 일주일을 그렇게 보내고 나서 여유 시간이 생기면 즐기지 못한 여가를 만회하고자 또 무엇인가를 한다.

하지만 가끔은 조용히 바깥에서 들려오는 소리에 귀를 열어두자. 아무것도 하지 않는 시간을 보내보자. 그러다 보면 외부의 소음이 내면의 소리로 바뀌어 있음을 느낄 것이다. 아무것도 하지 않는 시간이지만, 그 시간이 명상의 시간으로 채워지는 순간이다. 좋은 일, 좋지 않은 일이 번갈아가며 떠오르겠지만, 아무것도 하지 않는 시간이 자신에게 여유로움을 선사하는 기쁨을 누려보자.

쇠똥구리
끈기

　겸손한 쇠똥구리가 제 몸집의 두 배나 되는 똥 덩어리를 밀고 가는 것보다 웃긴 광경은 없다. 쇠똥구리는 곡예사처럼 균형을 잡고 똥 덩어리 끝에 서서, 먹이이자 알의 둥지가 될 소중한 똥 덩어리를 움직인다. 암컷은 땅 밑에 똥 덩어리 몇 개를 갖다두고 거기에 알을 한 개씩 낳는다. 부화된 애벌레는 똥 덩어리를 먹게 된다. 이 애벌레들은 수많은 새와 작은 동물들의 먹이가 된다. 아프리카에만 해도 1800종 이상의 쇠똥구리가 있다. 그들은 다양한 동물들이 먹고 똥으로 배출한 씨앗을 퍼뜨리고 이 씨앗들은 비가 내리면 싹을 틔운다. 아프리카 평원에 식물을 공급하는 기막힌 방법이 아닌가!

한 걸음씩 내 길을 걷는 힘

언젠가 쇠똥구리들이 똥 덩어리를 밀고 언덕을 오르는 광경을 본 적이 있다. 힘겹게 언덕을 오르던 쇠똥구리가 미끄러져 그만 똥 덩어리가 바닥으로 굴러 떨어졌다. 그러자 그리스 신화의 시지프스처럼 쇠똥구리는 언덕 아래로 돌아와서 다시 그것을 굴리기 시작했다. 다시, 또다시 시도하면서 똥 덩어리를 안전하게 꼭대기로 밀어 올릴 때까지 쇠똥구리는 포기하지 않는다. 쇠똥구리의 끈기는 성과를 얻으려면 노력과 꾸준함이 필요하다는 사실을 우리에게 일깨워준다.

장애 앞에서 포기한다면 우리는 목표를 이루지 못한다. 끈기를 뜻하는 쇼나어(니제르·코르도판 어족의 반투어파에 속한 언어로 짐바브웨 등지에서 쓴다) '쿠솅가kushinga'는 '강하게 하다'라는 '쿠솅기사kushingisa'와 어원이 같다. 끈기 있게 나아가면 더 강해지고 자신감이 붙지 않던가.

짐바브웨 사람들은 끈기에 있어서는 도사급이다. 해방 전쟁(1968~1980) 동안 짐바브웨 국민은 제재 속에서 살아야 했고 그 결과 연료를 비롯해 대부분의 물품을 배급 받았다. 외부 세계에서 수입이 불가능해지자 국가가 물품을 자체 생산하는 법을 배워야 했기에, 짐브바웨 국민은 경제적으로 점점 강해졌다. 그들은 수출입을 일정한 가격에 도와주

려는 우호적인 주변의 제3국을 통해서 제재를 극복하는 우회 전략도 구사했다.

최근 몇 년 사이 짐바브웨는 다시 포위를 당하고 있다. 가해자는 다름 아닌 정부다. 식량, 연료, 전기가 부족한 상황인데도 왜 국민들이 거리로 나와 항의하지 않는지 이방인들은 의아해한다. 그 결과에 대한 공포감도 있겠지만, 짐바브웨 국민이 고난의 시기에 생존하는 법을 배웠다는 점도 이유인 듯하다. 엄청난 고난 속에서 끈기를 발휘하는 능력은 가장 냉소적인 사람들까지도 감동 시킨다. 짐바브웨 국민이 위험을 무릅쓰고서라도 곤경에 대해 목소리를 내기를 바라는 이들도 있다. 하지만 나는 현 상황을 인내하며 받아들이고 더 나은 변화가 생길 거라고 믿는 그들에게 감탄한다.

신의 보살핌에 대한 믿음 역시 고된 시기를 견디는 데 도움이 된다. 그들은 모든 문제와 불의에 대해 "므와리 아노지바(신은 아신다)"라고 말한다. 또 아이 이름을 '이쉐아네 수(신이 우리와 함께 하신다)'라고 짓는 사람도 많다. 구약의 선지자들이나 큰 유혹을 받고도 자신이 겪은 고난에 대해 하느님 탓을 하지 않은 신실한 욥의 믿음은 모든 기독교인에게 큰 도전이다.

캘커타의 테레사 수녀는 오랜 세월 하느님이 그녀를 사랑하고 보살핀다는 신호를 받지 못했음이 최근 밝혀졌다. 하지만 '십자가의 성 요한(16세기 성인으로 교회 개혁가-옮긴이)'이 영적인 가뭄 기간이라고 부른 이 '영혼의 어두운 밤'을 지내면서, 테레사 수녀는 인도의 가장 척박한 지역을 섬기며 인생을 쏟았다. 그녀는 영적인 위로나 응답이 부족한 와중에도 끈기 있게 소명을 다했다. 예수 역시 인생에서 가장 중요한 순간에 아버지에게 버림받는다고 느꼈다. 그가 겟세마네 동산에서 무시무시한 죽음을 앞둔 순간이었다. 예수는 "이 잔을 내게서 거둬가소서"라고 기도했다. 그는 앞에 놓인 고난을 받아들이면서 "내 뜻대로 마시고 당신 뜻이 이루어지게 하소서"라고 결론지었다.

이런 끈기와 세속적인 실패의 인정, 고난이야말로 특별한 사람과 성자들의 특징이다. 넬슨 만델라는 27년이란 긴 세월 동안 감옥살이를 하면서도, 남아공 국민을 위한 인종차별 없는 사회와 자유라는 꿈을 포기하지 않았다. 내가 만델라가 수감 생활을 한 로벤 섬을 방문했을 때, 정치범이었던 가이드가 자신의 고통스런 여정을 들려주었다. 그는 12년간 감옥에 있었고, 부친은 아들의 정치 활동 때문에 총에 맞아 불구가 되었다. 하지만 이 자유 투사는 보복이 아닌 용서와 화해에 대해 말했다. 그런 태도가 전쟁, 빈곤, 불평등한 현재의 세계가 아닌 통일, 평등, 조화의 새 세상을 만들 수 있다.

2007년 노벨상 수상자 두 명은 그들이 선택한 분야에서 오랜 세월 끈기 있게 일한 이들이었다. 문학상을 받은 짐바브웨 작가 도리스 레싱은 마침내 수상자로 결정되었다는 통고를 받은 지 며칠 후에 88세가 되었다. 성인이 된 후 작가로 살아온 그녀의 아프리카 이야기들은 몹시 정의롭지 못한 식민사회의 삶을 생생하게 포착한다. 전직 미국 부통령이자 대통령 후보였던 앨 고어는 지구 온난화에 대한 업적으로 노벨평화상을 수상했다. 영화 〈불편한 진실〉에서 고어는 대학 시절에 환경문제에 관심을 갖게 되었다고 밝힌다. 그 후 30년간 지구온난화의 위험을 인식시키는 데 매진했다. 이 노벨상 수상자들은 포기하지 않는 것의 중요성을 잘 보여준다.

그들은 변화가 우연히 일어나지 않는다는 점을 상기시킨다. 발전은 하룻밤 사이에 이루어지지 않는다. 세상에 변화를 가져오고 싶다면 열심히 오래 일할 준비가 되어 있어야 한다. 장애와 고난에 부딪쳐도 포기할 수 없다. 쇠똥구리처럼 성공할 때까지 거듭해서 시도할 준비를 갖춰야 한다.

"같은 길을 여러 번 걸어야 길이 만들어진다"는 통가의 격언이 있다. 우리는 끈기를 발휘해서 모든 이를 위한 더 나은 세상으로 향하는 새 길을 낼 수 있을까?

. . .

 우리는 때로 너무 쉽게 포기를 떠올린다. 그렇기 때문에 끈기 있게 자신의 일을 끝까지 밀고나간 사람들을 보면 존경하는 마음이 들곤 한다. 동시에 포기했던 여러 일들을 끝까지 했더라면 지금은 뭔가 달라지지 않았을까 하는 생각이 들며 마음에 작은 자극이 생긴다.

 자신을 위해, 앞으로 살아갈 날들을 위해 끈기 있게 끝까지 일을 추진하도록 마음을 다스리고, 목표를 달성할 수 있는 방법을 꾸준히 모색하자.

 끝까지 하는 힘은 당신에게 자신감과 성취감을 선사할 것이다.

코끼리
소통과 공동체

　사반나의 점잖은 거인인 코끼리는 가장 사교적인 동물이다. 가족끼리 무리를 지어 살면서 사회적 욕구를 충족시킨다. 대부분의 동물이 먹이로 삼지 못할 만큼 거구인 동물에게는 안전과 생존이 그리 중요하지 않다. 이 거대한 포유동물에게 가장 큰 두 가지 위험 요소는 인간과 가뭄이다. 인간은 상아가 탐나서 코끼리를 죽이고, 가뭄은 하루 150kg의 풀을 섭취하는 코끼리들에게 굶주림과 죽음을 안겨준다.

　자매 코끼리들은 새끼들을 데리고 함께 여행하며 암컷 리더를 따른다. 암컷 새끼들은 생후 25년간 어미, 이모와 살다가 자기 가정을 꾸리러 떠난다. 수컷은 보통 15년간 가족과 지내다가 다른 젊은 수컷들과 합류해서 짝을 찾기 시작한다. 공격적이고 반사회적인 행동으로 추방당한 어린 악동 수컷과 공동체의 부담에서 벗어나 말년을 혼자 지내는 늙은 수컷을 제외하면 혼자 다니는 코끼리는 거의 없다.

어린 코끼리들이 노는 것을 보면 유쾌하다. 그들은 물속에서 쿵쾅거리거나 진흙탕에서 구르고 수많은 놀이를 만들어서 즐긴다.

코끼리들은 공동체에 살 뿐 아니라 멀리서도 의사소통을 한다. 곤란에 처한 코끼리는 그들만이 들을 수 있는 초저주파 불가청음을 이용해서 30km 반경까지 도움을 청할 수 있다. 그들은 출생이나 물놀이를 할 수 있는 곳이나 푸른 초지를 찾았다는 좋은 소식도 주고받을 것이다.

혼자는 행복할 수 없다

　우리 인간 역시 의사소통을 하는 동물이어서, 타인과의 관계를 통해 성취감과 자아를 추구한다. 가족은 첫 공동체이자 인간관계의 밑바탕이다. 어릴 때 사랑을 모르고 자라면 어른이 되어 사랑하는 관계에 빠져들기 어렵다는 것이 증명되었다.

　예수는 타인, 특히 가난하고 곤란한 이들과의 관계를 하느님과 맺는 관계의 증거로 삼았다. 마지막 심판에 대한 우화는 아주 명료하다. 우화에 따르면 모든 인간은 궁핍한 이들을 보살폈는지 아닌지로 나뉘게 된다.

　"그 때에 그 임금은 자기 오른편에 있는 사람들에게 이렇게 말할 것이다. '너희는 내 아버지의 축복을 받은 사람들이니 와서 세상 창조 때부터 너희를 위하여 준비한 이 나라를 차지하여라. 너희는 내가 굶주렸을 때에 먹을 것을 주었고 목말랐을 때에 마실 것을 주었으며 나그네 되었을 때에 따뜻하게 맞이하였다. 또 헐벗었을 때에 입을 것을 주었으며 병들었을 때에 돌보아 주었고 감옥에 갇혔을 때에 찾아 주었다.' 이 말을 듣고 의인들은 이렇게 말할 것이다. '주님, 저희가 언제 주님께서 주리신 것을 보고 잡수실 것을 드렸으며 목마르신 것을 보고 마실 것을 드렸습니까? 또 언제 주님께서 나그네 되신 것을 보고 따뜻이 맞아 들였으며 헐벗으신 것을 보고 입을 것을 드렸으며, 언제 주님께서 병드셨거나 감옥에 갇히신 것을 보고 저희가 찾아가 뵈었습니까?' 그러면 임금은 '분명히 말한다. 너희가 여기 있는 형제 중에 가장 보잘 것 없는 사람 하나에게 해 준 것이 바로 나에게 해 준 것이다'하고 말할 것이다."(마태복음 25:34-40)

예수가 권유한 대로 이웃을 사랑하지 않으면서, 보이지 않는 하느님을 어떻게 사랑할 수 있을까? 하지만 우리의 이웃들은 사랑하기 몹시 힘든 부류일 수도 있다. 요구가 많고, 모욕을 주고, 감사를 모르고 파괴적인 사람들일 수도 있다.

우리를 화나게 하거나 부담감을 줄 수도 있다.

나는 짐바브웨의 수도 하라레의 변두리 마을에서 5년간 살았다. 우리 집에서 몇 집 건너 떨어진 곳에 문제가 많은 대가족이 살았다. 아버지는 주정뱅이에 노름꾼이었다. 그와 부인은 11남매를 낳았다. 부인은 아이들을 키우려고 술을 만들어 팔았다. 아이들이 자라면서 맏아들은 절도죄로 체포되었고 다른 아들은 살인죄로 수감되었다. 맏딸은 아버지가 다른 혼외 자식 셋을 낳았고, 그녀의 동생은 낙태 수술 중에 죽었다.

하지만 이 가족은 사랑이 있는 이들이어서 충실한 친구이자 동반자가 되어주었다. 어머니는 우리에게 부부 문제를 털어놓고 피임에 대한 조언을 구했다. 그녀는 30대 후반에 열두 번째 아이를 임신하자, 아이에게 내 이름을 붙였다. 맏아들은 우리의 텃밭 농사를 거들어주고, 도둑이 우리 집 근처에 얼씬하지 못하게 지켜주었다. 나는 맏딸을 동료 수녀 집의 도우미로 취직시켜주기도 했다.

살아온 문화권도 계층도 달랐지만, 가까이 산다는 것이 우리를 하나로 묶어주었다. 그들은 가난한 쇼나 부족 가정의 기쁨과 어려움을 우리에게 가르쳐주었다. 우리는 그들이 위험에서 지켜주리란 것을 의심치 않았다. 그들이 나무에서 딴 바나나 한 송이나 계란 한 꾸러미를 가져다주었을 때, 그것은 성서 속 '과부의 동전'처럼 가진 모든 것을 내주는 귀한 선물이었다. 우리는 적절한 건강과 교육 등 그들이 가난 때

문에 누리지 못하는 것들을 접하게 해줌으로써 보답했다.

몇 년마다 휴가를 얻어 미국 집에 돌아가면 이웃끼리 서로 얼굴도 모르고 인사도 나누지 않는 경우가 많은 것을 보고 놀란다. 도시의 큰 교회에서는 예배를 마친 후 서로 목례하거나 미소조차 지을 새도 없이 급히 빠져나간다. 누군가 그들에 대해 "이 기독교인들이 얼마나 서로 사랑하는지 좀 보라지"라고 말할 수 있지 않을까.

코끼리는 아무리 크고 강해도 서로를 필요로 한다는 것을 가르쳐준다. 우리가 공동체의 가치와 가족의 유대감보다 개인의 독립과 자유를 중시한다면, 삶의 인간적인 면과 즐거움이 줄어들 것이다. 나는 코끼리 떼가 늙어 죽은 코끼리를 애도하는 광경을 본 적이 있다. 그들은 코로 죽은 코끼리의 엄니를 쓰다듬고, 머리를 숙이고 귀를 펄럭이며 쓰러진 시신 주변을 침울하게 돌았다. 그들은 슬퍼하는 과부처럼 슬픔과 상실감을 표현했다.

우리는 서로에 대한 걱정과 근심을 표현하는가? 남들의

요구로 내 일정을 바꾸는가, 아니면 혼자만 빛나고 싶어 하는가? 타인을 받아들이기 위해 개인의 취향을 희생할 준비가 되어 있는가? 우리가 만나는 개인의 내면에 하느님이 계시다고 진정으로 믿는가? 타인에게 가장 깊은 열망을 의사소통할 수 있는가, 아니면 자기 속에 갇혀 지내는가?

 돌로 된 심장을 살로 된 심장으로 바꿔 달라고 기도하자. 이웃을 내 몸처럼 사랑해야 된다는 것을 배우자.

· · ·

우리는 여러 공동체 안에 속해 있다. 가족, 친구, 직장, 이웃 등 다양한 공동체 안에서 안정적이고 끈끈한 관계를 맺고 유지하고자 노력한다. 공동체 안에서의 관계는 그냥 얻어지지 않는다. 나도 남들에게 관심을 갖고 다른 사람도 내게 끊임 없이 관심을 보여주고 보살핌으로써 얻어지는 것들이다.

만약 당신이 표현하는 데 인색했다면, 멀리 있는 친구에게 주저하지 말고 연락하여 안부를 물어보자. 관계가 더 좋은 방향으로 돈독해졌음을 알 수 있을 것이다.

기린
적응과 융통성

 세상에서 가장 키 큰 포유류인 기린은 사바나의 마천루이다. 다 자란 기린은 키 5.4m에 몸무게가 2000kg까지 성장할 수 있지만, 평원에서 가장 우아한 동물로 꼽힌다.

 달리는 토끼처럼 앞뒤 다리를 함께 움직이면서 성큼성큼 뛰는 기린을 보면, 우아한 발레리나가 무대에서 도약하는 모습 같다. 기린의 심장은 긴 목을 지나 머리까지 피를 끌어올릴 수 있을 만큼 큼직하다.

 물을 먹을 때는 다리를 벌리거나 앞다리를 굽혀야 한다. 물을 먹으려고 머리를 숙일 때마다 기절하지 않도록 아주 섬세하게 혈액 순환을 통제한다. 기린은 가혹한 환경에서 뛰어난 적응력을 발휘해서, 다른 동물들이 닿지 못하는 나무 꼭대기의 가시돋힌 가지도 먹을 수 있다. 50cm까지 자라는 긴 혀는 가지에 돋친 가시를 피해 영양가 있는 잎을 먹는 데 최적화되어 있다. 또 유연한 환추와 척추 덕분에 머리를 높이 드는 장점을 누린다.

기린의 포식자는 사자밖에 없지만, 기린이 민첩하게 발길질을 하면 동물의 왕도 쉽게 나가떨어질 수 있다.

마음을 열고 먼저 손 내미는 법

　나는 반평생을 아프리카 대륙에 살면서, 적응력과 융통성의 필요성을 알게 되었다. 때로 문화의 장벽을 넘는 일은, 나무에 돋힌 가시를 피해 부드러운 나뭇잎에 닿는 것과 비슷하다. 강한 문화 차이에 직면했을 때 아무리 나 스스로는 참을성 있고 개방적이라고 생각해도 남들은 다르게 본다는 것을 알았다. 다른 것을 열등하거나 틀렸다고 판단하고, 자기가 아는 것만이 옳고, 그것이 모든 시대와 인간들의 기준이라고 말하기 쉽다.

　처음 탄자니아 시골의 마사이 마을을 방문했을 때가 기억난다. 진흙 벽돌집들은 공 모양이었고, 문간이 낮아서 머리를 숙이고 들어가야 했다. 마사이 문화에서는 젖소가 부를 나타낸다. 소젖과 피가 식량이며, 똥을 시멘트처럼 외벽에 발라 바람과 추위를 막는다. 소가죽은 담요 삼아 그 위에서 자거나 깔고 앉는다. 밤이면 소가 농장 가운데서 자는데, 그래서 파리떼가 계속 꼬인다. 집 안에서는 불을 피워 그 연기로 파리떼를 쫓을 수 있지만, 바깥에 있을 때는 입술이며 코, 눈 등에 시도 때도 없이 파리가 달라붙는 상황에 적응하는 법을 배워야 한다. 가장 금욕적인 수도사조차도 얼굴에 꼬이는 파리를 때릴 수밖에 없을 정도로 그 상황은 괴롭기 그지없다. 하지만 마사이족은 늘 달라붙는 해충들을 의식하지 않는 것 같다.

내가 성장한 피츠버그의 서민 동네와 마사이 마을은 너무 달라서, 난 도저히 어떻게 적응해야 할지 알 수 없었다. 완전히 균형을 잃고 뭘 해야 할지, 어떻게 반응해야 할지 몰랐다.

처음 마을 원로의 집에 들어섰을 때, 매캐한 연기에 눈이 따끔거렸다. 그의 부인은 나를 격자 세공이 된 문으로 안내했다. 벽에는 붙박이 침상이 있었다. 폭신한 이불과 따뜻한 담요는 고사하고 딱딱한 진흙 판에서 잠을 청해야 했다. 벌이 떠 있는 꿀술을 맛보고, 방금 막 담아내어 뜨거운 소의 피까지 마셔야 했다. 모든 게 몹시 이국적이고 비현실적인 것 같았다. 그들이 나를 어떻게 보는지 궁금했다. 그들의 말도 모르고 우스꽝스러운 옷을 입고 지프차를 운전하는 이방인으로 볼까?

그 마을은 '성령 선교회' 소속 빈센트 도노반 신부와 메리놀 수녀회 소속 수녀 줄리아 쿠비스타와 앤 나르시소가 일하는 기독 공동체의 일부였다. 신부와 수녀들은 독특한 문화적 토착화를 시도해서, 마사이 문화를 있는 그대로 받아들여 예배 의식에 여러 요소를 접목시켰다. 과거 기독교는 모든 이들에게 서구 문화와 동의어로 생각되었다. 하지만 2차 바티칸 공회(1963~1965)가 이런 견해에 이의를 제기하고 문화적 토착화를 격려하자, 동아프리카의 '성령 선교회'는 처음으로 마사이족의 특수한 문화를 예배에 도입하는 시도를 했다.

예배는 전통춤과 환영 노래로 시작됐다. 모인 사람들끼

리 풀 한줌을 돌리는 마사이식 용서 의식이 도입되었다. 소젖을 뿌리는 평화 축원을 포함해 다른 전통 의식들도 예배 순서에 들어갔다. 이 독특한 예배에서는 아이들이 맨 먼저 성찬을 받았다. 빈궁기와 가뭄 때도 아이들이 배를 채울 수 있게 먼저 식사하게 하는 마사이 전통에 따른 것이었다. 도노반 신부는 아이들을 성만찬에서 제외시키면 마사이족은 성만찬을 받지 않을 거라고 설명했다. 마사이 문화 전체에

아이들이 포함되기 때문이었다. 나는 이 예배를 지켜보면서 우리의 차이가 없어지는 것을 느꼈고, 모든 경계를 초월하는 하나됨을 경험했다.

예배가 끝난 후에도 연대감은 계속되었다. 나는 식사를 함께하고 또 가족과 친구의 사랑을 경험하면서 진정한 환대를 느꼈다. 마사이족처럼 자신과 자기 문화에 자긍심을 갖는 민족은 본 적이 없었다. 그들은 꼿꼿하게 걷고, 외양으로도 서구 문화를 받아들이는 것을 거부한다. 나는 이 드문 민족에게 깊이 감탄하면서 떠났다. 언젠가는 '현대적인 세상'이 몰려와 그들이 가치 있게 여기는 많은 것을 잃을 수밖에 없기에 깊은 슬픔 또한 느꼈다. 겉모양은 변하더라도 문화의 핵심 가치는 간직할 수 있을지 궁금하다.

세상이 점점 세계화되면서 우리는 다양한 문화권 사람들과 어깨를 맞대고 산다. 일본에서 온 사람, 중국, 사우디아라비아, 에티오피아, 나이지리아나 이라크에서 온 사람이 옆집에 살 수도 있다. 마사이족처럼 모든 민족은 자기 문화를 자랑스러워한다. 문화는 삶에 의미를 주고 정체성을 부여하기 때문이다. 과연 세계화는 마사이족에게 어떤 의미일까? 그리고 그 효과가 지역의 원주민들에게 어떤 의미가 있을까? 우리 이웃이 다른 문화권에서 온 이들이라면, 우리는 선입견을 갖고 그들이 어떻다고 결론내릴까? 아니면 점점 다양하고 다문화적으로 변해가는 환경 속에서 기린처럼 적응하는 법을 배울 수 있을까? 우리는 사고방식과 행동을 변화시켜서 다른 문화들을 받아들이려고 노력할 수 있을까? 두려움을 극복하고, 우리 중에 있는 이방인에게 우정의 손을 뻗을 수 있을까?

· · ·

    가끔은 익숙한 환경에서 이방인이 된 기분을 느꼈던 경험이 있을 것이다. 당연하다고 여겼던 것들에 대해 누군가 의문을 표현할 때, 그 의문에 대해 상대방을 제대로 이해시키기 힘들 때도 이런 감정이 든다. 이런 낯선 감정은 다른 문화권을 접할 때 더 심해진다.

    자신도 모르게 거부감을 느꼈던 경험은 스스로를 돌아보는 좋은 기회가 된다. 생각과는 달리 실제로 접했을 때 나오는 행동이야말로 내면에 감춰진 편견을 잘 드러내는 사례다. 이런 경험이 있다면 의기소침해하기보다 용기 있게 부딪혀보자.

    이국적인 식당에 가서 낯선 음식도 먹어보고, 새로운 언어를 배우며 다른 문화도 경험해보는 것이다.

    다른 문화의 전통을 보고 그 뒤에 숨은 의미도 한번 생각해보자. '더 깊게 이해하기'는 나를 한 단계 더 성장시키는 좋은 공부다.

악어
인내심

 아프리카 악어는 존경과 공포의 대상이다. 지구상에서 가장 위험한 동물로 손꼽히지만 한편으로는 아주 쓸모가 많다. 악어가 죽은 허리띠, 구두, 가방 같은 아름다운 물건이 되고, 고기는 닭고기보다 부드럽고 맛이 좋다. 악어는 인내심이 대단해서, 허기질 때도 동물이나 사람이 의심 없이 다가올 때까지 내리 며칠이고 기다릴 줄 안다. 그러다가 큰 입을 쩍 벌리고 빠르고 민첩하게 먹잇감을 공격하는 것이다. 악어는 그런 인내심 덕분에 장수하는 것 같다. 110년까지 살면서 5.4m까지 성장할 수 있다는 것은 악어의 생존 기술을 확실히 보여주는 증거다. 과학자들은 1억 3500만 년 전에서 6500만 년 전까지 악어의 조상들이 공룡과 함께 살았다고 추정한다.

여유가 선사하는 오늘의 소중함

 수면 위로 머리의 일부를 내놓고 떠다니는 악어는 워낙 조용하고 가만히 있어서 통나무로 착각될 만도 하다. 나는 30년 넘게 아프리카 대륙에서 지냈지만, 기한을 모르고 기다려야 할 때는 안절부절 못하고 씩씩거린다. 아직도 아프리카 대륙은 내게 인내심을 시험하고 가르쳐준다. 은행, 우체국, 식품점에서 기다리고, 노동허가서를 받으려고 몇 달씩 기다린다. 약속한 사람이 나타날 때까지 몇 시간, 때로는 며칠씩 기다리기도 한다. 그곳에는 시계가 흔치 않기에 초, 분, 단위로 시간을 헤아리지 않는다. 그들은 마치 시간을 재는 게 아니라 살아내는 것 같다.

 1970년 처음 케냐에 도착했을 때 나는 가톨릭 주교 회의의 홍보 간사직을 맡아 늘 뛰어다니며 일을 처리했다. 어느 날 나는 비서인 헬렌 매키에게 근무 시간이 끝나기 전에 얼른 편지 몇 통을 마무리하라고 채근했다. 4시 반에 마감할 수 있기를 바라며 "지금 몇 시지?"라고 초조하게 물었다. 헬렌은 아무것도 없는 손목을 마치 시계가 있는 것처럼 들여다보면서 담담한 표정으로 "시간이 많으니까 서두르지 마세요"라고 대답했다.

그제야 나는 몇 달 전 언어 수업에서 배운 내용을 잊고 있었음을 깨달았다. 막 수련 기간을 마친 우리 젊은 선교사들이 처음 배운 아프리카 격언은 '하라카, 하라카, 하이나 바라카(서두르고 서두르면 복이 달아난다)'였다. 두 번째로 배운 격언도 비슷했다. '폴레, 폴레, 느디오 음웬도(천천히 천천히 하는 것이 나아가는 방법이다).'

그 후 이 격언들을 잊은 적이 없지만, 좀처럼 실천하지 못한다. 평생을 시간 낭비 없이 목표를 수행하는 방식으로 일하던 습관이 몸에 배어서, 악어처럼 조용히 앉아 신이 보내주시는 것을 기다리기가 어렵다. 그것은 주로 통제력의 문제임을 깨닫는다. 내 방식대로 일이 처리되는 게 좋지,

예기치 못한 일이 벌어지는 게 싫은 것이다.

1978년 짐바브웨에서 피난온 난민들과 일하기 위해 처음 모잠비크에 왔다. 당시에는 기다리면서 시간을 보내는 게 주요 일과였다. 난민캠프를 운영하는 '짐바브웨 아프리카 민족동맹'(ZANU)의 부처들은 나를 몰랐고 인정해주지 않았다. 매일 아침 나는 일찍 일어나서 민족동맹 사무실로 걸어가서, 각 부처(건강, 복지, 교육 등) 책임자들과의 만남을 시도했다. 그리고 매일 저녁, 기다린 보람도 없이 낙심하고 짜증스런 기분을 안고 숙소인 아파트로 돌아갔다. 다음날 아침 비행기에 올라타고 모잠비크를 떠나고 싶은 날이 많았다. 나는 늘 자신에게 묻곤 했다.

"이들에게는 내가 필요하지 않아. 내가 여기서 뭘 하는 거람?"

어느 날, 나는 태도를 바꿔 기다림 자체도 소중하다는 결론을 내렸다. 활기차게 사무실들을 찾아다니며 직원들이나 젊은 경비원들과 수다를 떨기 시작했다. 친구가 되자, 그들은 나를 믿고 함께 식사를 청하기 시작했다. 그 후 나는 교육부에서 일해 달라는 요청을 받아, 그들의 일을 도왔다. 책임자도 아니고 누구의 의논 상대도 아니었지만, 사무실에서 매일 일을 나누어 했다. 그러면서 조국의 해방을 위해 고향과 가족을 떠난 젊은 자유 투사들을 알고 존경하게 되었다.

그들의 일과는 내 일과 못지않게 단조로웠다. 업무는 다람쥐 쳇바퀴 돌 듯했다. 먹거리와 잠자리가 형편없었지만 그들은 사명감을 갖고 용기 있게 그 일을 했다. 교육부 책임자인 여성에게 이 모든 일의 의미를 물으니 그녀는 "사랑 때문에 이 일을 하지요"라고 간단히 대답했다.

불교 승려이자 행동가인 틱낫한은 세계를 돌면서 대중 강연을 통해 집중과 묵상 실천을 유행시켰다. 처음 그의 책을 접했을 때 나는 "호흡에 집중하는 게 어떻게 변화를 이룰 수 있단 말이야?"라고 투덜댔다. 나는 1분도 허비하지 않고 동시에 두세 가지 일을 할 수 있다고 자부했다. 아버지가 죽음을 맞이할 때조차 나는 병상 옆에 앉아 쇼나어 테이프를 들었다.

어느 날 아버지는 일어나 앉아서 내게 물었다. "넌 왜 여기 왔니? 쇼나어는 짐바브웨에서 배울 수 있는데." 그제야 어학책을 밀치고 아버지에게 집중했다. 그 후 며칠간 아버지의 호흡이 내 호흡이 되었고, 그의 통증이 내 통증이 되었다. 아버지가 평온하게 떠나자, 나는 그의 손을 잡고 함께 기도했다. 이것은 항상 소중히 간직할 축복이 되었다. 하지만 나처럼 사랑하는 이를 잃지 않고도, 현재를 사는 것의 중요성을 얼마든지 깨달을 수 있다.

독립 후 우리가 모잠비크에서 짐바브웨로 돌아가게 되자, 민족동맹의 교육부서 직원인 내 친구 아이린 마함바는 내게 이별시를 써주었다.

어쩌면 우리 당분간 헤어지면서
가끔은 그대 기억할 수 있으리
비가 내리면
흙 속에 물이 스며들듯이
푸른 풀과 꽃 속에서만
흙은 인정과 감사를 보여준다는 것을

나는 이 시와 여기에 담긴 의미를 소중히 간직하고 있다. 여전히 느끼건대, 나는 악어나 짐바브웨 친구들 같은 인내심은 발휘하지 못할 것이다. 하지만 이제 종일 아무

일도 하지 않고 햇볕을 쬐는 사람들을 흉보지 않는다. 또 내 문화권보다 더디게 움직인다고 해서 남의 문화를 게으르고 후진적이라고 평가하지 않는다. 적어도 내 문화의 가치로 다른 문화권을 가늠하지 말아야 된다는 것을 배웠다. 물론 아직도 가끔은 옛날 버릇이 나오기는 한다. 보슬비는 흙을 적시는 것만으로, 큰 노력과 압박감 없이도 새 생명을 이끌어낸다. 나도 보슬비 같은 존재가 될 날을 간절히 기원한다.

. . .

세상에는 재미있는 것들로 넘쳐난다. 단지 10분을 집중하기도 힘들 정도다. 그리고 집중하지 못하는 순간이 많아질수록 불안정해지는 자신의 모습도 발견하게 된다.

그래서 더더욱 침착하게 자신의 마음을 다스리는 사람을 닮으려고 노력하는지도 모른다. 그들처럼 10분만이라도 앉아서 마음속에서 모든 생각을 지우거나 한 가지 생각에 집중해 보자.

혹은 기다려야 하는 상황이 생기면 그 시간을 이용한다. 조급해하지 말고 인내하면서 여유를 기른다. 기다리는 동안 자신을 돌아보거나 감사해야 할 일들을 떠올릴 수도 있지 않을까?

그런 시간이 조금씩 쌓이면 여유롭고 침착해진 자신의 모습을 발견할 수 있을 것이다.

얼룩영양
자유

얼룩영양은 자기 영토를 돌아보는 왕처럼 꼿꼿하고 위엄 있다. 1.8m까지도 자라는 큰 나선형 뿔, 날씬한 몸통, 또렷한 흰 줄이 있는 불그스름한 갈색 털을 가진 얼룩영양은 영양류에서 두 번째로 키가 큰 종이다.

동부와 남부 아프리카에서 서식하는 이 미식가는 118종류의 나뭇잎, 허브, 과일, 덩이줄기 작물, 다육다즙 식물, 꽃을 먹는다. 수컷들은 10~12마리씩 떼지어 넓은 숲과 초지를 돌아다니는 반면, 암컷들은 다른 영양류들과 떨어져서 자기들끼리 오랫동안 모여 지낸다. 그들보다 작은 얼룩영양은 키가 크고 당당한 큰 얼룩영양의 축소판이다.

얼룩영양은 위협받으면 보이지 않게 슬그머니 숨거나 달아난다. 그럴 때면 5m가 넘는 장애물을 훌쩍 뛰어넘는다. 얼룩영양이 달아나는 광경은, 긴 다리를 가진 높이뛰기 선수가 한 치의 머뭇거림도 없는 도움닫기로 장애물을 넘는 광경과 비슷하다.

어느 날 빅토리아 폭포 근처에서 운전을 하고 가는데, 얼룩영양 한 마리가 나타나 보닛 위를 폴짝 뛰어넘어갔다. 만약 영양이 제대로 넘지 못해 250kg에 육박하는 몸이 차 위로 떨어졌다면 어떤 일이 벌어졌을까 상상하니 가슴이 서늘했지만, 한편으로 영양의 뛰는 모습을 보자 흥분되었다.

힘든 시간 속에서 발견하는 희망

 얼룩영양은 가만히 서 있든 달아나든 힘차고, 정복할 수 없을 것 같은 분위기를 발산한다. 나는 그 존재에서 자유를 느낀다. 그와 비슷한 내적인 힘과 자유를 뿜어내는 사람들이 있다. 아이러니하게도 압제당한 이들이 그렇다. 그들은 고난을 경험하면서 더욱 강하고 독립적인 면모를 갖춘다. 만델라는 어려움을 극복하고, 성찰과 자기 용납을 통해 과거의 원수를 용서하고, 극도로 분열된 나라의 기반 위에 다인종 사회를 건설할 수 있었다. 정말이지 현대의 기적이라 할 수밖에 없다.

 자유의 박탈은 사람을 무능하게 만들어, 삶에 대한 소망과 꿈을 갖기 힘들게 한다. 자신감을 앗아가서, 열등감을 느끼게 한다. 1977년 민주화 투쟁이 극도로 치닫던 로디지아에 도착했을 때 나는 그런 상황을 목격했다. 그곳의 차별

정책은 인종 분리 정책을 펴는 남아공이나 인권운동 이전의 미국과 흡사해서, 다른 인종을 분리시켰다. 그보다 나쁜 것은 피부색깔 때문에 좋은 직장, 교육, 치료 같은 기본권을 빼앗는 것이었다.

1980년 4월 18일 로디지아가 짐바브웨가 됐을 때 나는 거기 있었다. 영국 식민지였던 이 나라는 하룻밤 사이에 상황이 변했다. 이제 흑인 어린이들은 백인들만 다니던 좋은 학교에 다닐 수 있었다. 백인들만 이용하던 국공립 병원에서 이제는 흑인들도 치료받을 수 있었다. 아프리카인들은 이전에 금지되었던 물자와 시설에 접근할 수 있었다. 하지만 더 중요한 것은 이제 그들이 자신을 좋게 본다는 점이었다. 그들의 걸음에 활기가 생겼고 눈이 빛났으며, 얼굴에 미소가 퍼져 나갔다.

우리 교구의 근엄한 노신사 마담비지 씨는 부유한 백인 가정에서 정원사로 일했다. 그는 국가의 독립이 삶을 어떻게 바꾸었는지 내게 말해주었다.

"그들은 늘 나를 '보이'라고 불렀지요."

식민지 로디지아에서 하인들은 나이에 상관없이 흔히 '보이'로 불렸다. 정원 보이, 주방 보이, 하우스 보이가 있었다. 그는 당당하게 말했다.

"나는 그들에게 미스터 마딤비지라고 말해주었습니다.

그게 내 이름이거든요. 나는 치나모라의 아들이고, 루스 파라이의 남편이자 아모스와 텐다이의 아버지지요."

작지만 얼마나 의미 있는 변화인가! 얼룩영양처럼 이제 그는 평등과 인간 존엄의 장벽을 극복하고 꼿꼿하고 위엄 있게 선다.

이 변화는 그의 고용인들도 해방시켰다. 고용주들은 그 역시 가족에 대해 비슷한 소망과 꿈을 가진 어른임을 처음으로 인식했을 것이다. 그들은 다른 사람을 대할 때의 존중하는 태도로 그를 대했다. '우분투ubuntu'라는 아프리카 개념에는 우리 모두 하느님의 자녀이며 하느님과 비슷한 모습으로 창조되었다는 진실이 담겨 있다. 투투 주교는 이렇게 설명한다.

"아프리카의 상호 의존이라는 개념은 '우분투'이다. 그것은 인간의 핵심이다. 내 인간됨이 당신의 인간됨 안에서 포착되고 불가분하게 엮인다는 사실을 말해준다. 내가 사람인 것은 내가 속해 있기 때문이다. 우분투는 온전함에 대해, 연민에 대해 말한다.

흑백 분리 정책이 없었다면 모든 남아공 국민은 더 온전했을 것이다. 특권을 누린 백인들은 더 인정 없어지고 연민도 없었으며, 인간애도 없었다. 따라서 덜 인간적이 되면서 패배했다."

그들이 특권의 억압에서 해방되어야 한다니, 얼마나 놀라운 개념인가!

구약 성서의 「출애굽기」에서는 역사 속에서 억압받는 이들의 해방에 신이 개입한 사건을 보여준다. 모잠비크의 수용소에 살던 짐바브웨 난민들은 이 이야기가 그들에게 큰 희망과 용기를 준다고 했다. 그들은 내게 말했다. "신은 이스라엘 민족을 홍해를 건너 약속의 땅으로 인도하셨습니다. 신은 우리 역시 자유로 이끄실 겁니다."

신약에서 예수님은 외적인 속박뿐 아니라 죄에서도 해방되어야 한다고 말한다. 그는 치유의 일환인 죄를 용서하는 것으로, 내적인 자유가 외적인 자유만큼 중요하다는 것을 가르쳐주었다.

"사람이 온 세상을 얻는다 해도 제 목숨을 잃는다면 무슨 이익이 있겠느냐?"(마가복음 8:36)

개인적인 부와 권력을 쌓느라 바빠서, 구원의 길에서 멀어지고 우리 뒷마당과 세상에서 굶주리고 노숙하고 병들고 무력한 이웃을 지나치는 이들에게 깨어나라는 일깨움이다. 하느님을 믿는 우리같은 이들은 타인들의 해방을 돕는 모세처럼 되라는 소명을 갖는다. 그것은 남의 이름을 제대로 불러주는 것처럼 간단한 일일 수도 있다.

• • •

우리는 회사나 일상에서 경험하는 자유의 사소한 박탈에도 크게 놀라고 분노한다. 작은 억압이나 박탈로도 이런 감정을 겪는데 세계에서 자행되는 억압을 당하는 사람들은 어떨지 상상해 보았는가? 세상에는 크고 작은 차별이 여전히 존재한다. 그리고 이런 차별은 단번에 사라지지 않는다. 넬슨 만델라도 수십 년의 세월을 포용과 이해를 통해 차별과 인종에 대한 억압을 없애려고 하지 않았는가?

우리가 스스로 하는 행동 하나하나가 중요하다. 작은 도움의 손길, 무엇인가를 바꾸려고 노력하는 의지들이 모이면 언젠가는 많은 것들이 좋은 쪽으로 변할 것이다.

그리고 우리가 하는 행동들이 지구 반대편에 있는 사람들에게 희망과 자유의 표시가 될지도 모를 일이다.

망치머리황새
야망

 체중이 450g 조금 넘는 망치머리황새, 또는 망치머리해오라기는 50kg에 달하는 큰 둥지를 짓는다. 둥지의 높이는 1.8m에 이르기도 하고, 한 사람의 체중을 견딜 만큼 튼튼한 것도 있다. 나뭇가지가 갈라지는 곳이나 물가의 선반 같은 바위에 풀, 갈대, 잔가지 등 부근에서 구할 수 있는 것으로 큰 둥지를 짓는다. 망치머리황새의 볏 달린 머리통이 갈색인데다 망치처럼 생겨서 그런 이름이 붙었다.

 버려진 둥지는 곧 부엉이, 벌, 기러기, 뱀 따위의 동물이나 새들이 차지한다. 그렇게 작은 새가 왜 그렇게 큰 집을 짓는지 궁금증이 생긴다. 둥지를 짓는 창의적인 일을 즐기거나, 가장 큰 둥지가 가장 강하고 새끼를 많이 낳는 짝의 환심을 사기 때문일 것이다.

꿈과 기적을 이끄는 원동력

망치머리황새의 야심찬 집짓기에는 겉으로 드러나지 않는 장점이라도 있는 걸까? 우리는 야망을 눈살 찌푸려지는 부정적인 것으로 바라보기도 한다. 거창한 목표를 이루려고 애쓰거나 남이 탐낼 만한 지도자 자리에 뽑힌 사람에게 "대단히 야망이 큰 분이군요?"라고 말하기도 한다.

하지만 야망이 없으면 올림픽 선수나 유명한 화가, 무용수, 음악가는 없을 것이다. 피라미드, 타지마할, 마추픽추, 그레이트 짐바브웨 유적 같은 특별한 구조물들이 세워지지도 않았을 것이다. 또 킬리만자로 등정이나 바다 탐험 같은 위대한 업적은 시도되지 않았을 것이다.

노예제도 폐지라는 야심찬 목표가 없었다면 여전히 노예가 만연할 테고, 여성 참정권과 여성 운동에 대한 불굴의 지지가 없었다면 여성은(세계 곳곳에서 여전히 그렇듯) 이류

시민으로 남았을 것이다. 마틴 루터 킹 주니어를 비롯해 그와 함께 한 인권 운동가들의 꿈이 없었다면, 미국에는 여전히 흑인 차별이 존재할 것이다. 넬슨 만델라와 그를 지지하는 반 흑백분리 운동이 없었다면, 남아공은 여전히 오직 인종에 근거한 불평등이 자행되고 있을지도 모른다.

건전한 야망은 평범하고 틀에 박힌 수준을 넘어 경이로

운 일을 이루게 해준다. 〈보통 사람들, 비범한 행위Ordinary People, Extraordinary Deeds〉는 메리놀 수녀회를 다룬 영화다. 영화는 세계의 불우한 이들과 일하는 수녀들을 보여준다. 영화에서 수녀들은 개인의 존엄성을 주장하고, 사람들의 마음에 희망의 불을 지핀다.

야망은 꿈과 작은 기적으로 이끈다. 나는 살면서 그런 경우를 무수히 목격했다. 내 친구 주디 메이요트는 추방당한 사람들 속에서 2년간 살았다. 캄보디아 국경에서 크메르 난민들, 파키스탄에서 아프간 난민들, 에리트레아(아프리카 북동부 홍해에 면한 공화국-옮긴이)인들과 수단에서 수단인들이 그녀의 가족이 되었다. 그녀는 그들의 임시 숙소에 살면서 음식을 나눠 먹었고, 그들과 함께 떨어지는 폭탄을 피했다. 또 이야기를 들어주었고, 『일회용 인간들: 난민들의 고난Disposable People: The Plight of Refugees』에 그 내용을 썼다. 1993년 주디는 '국제 난민 기구Refuees International'의 일원으로 수단으로 돌아갔고, 구호품을 공중 투하하다가 사고가

나서 중상을 입었다.

무릎 밑을 절단해서 더 이상 전쟁 지역을 방문하지 못하게 되자, 그녀는 클린턴 행정부의 특별 보좌관이 되어 난민 문제에 대해 조언했다. 또 계속 난민과 인권 문제에 대해 가르치고, 시애틀 대학과 마켓 대학 학생들을 위한 국제적인 교육 프로그램을 만들어서, 새 세대가 더 참여하고 책임 있는 세계인이 되도록 도왔다. 지금 주디는 남아공 케이프 타운의 '데스몬드 투투 평화 센터'에서 일하면서 웨스턴 케이프 대학에서 학생들을 가르치며 산다.

다리를 잃게 된 일은 그녀의 꿈에 방해가 되지 못했다. 그녀는 두 다리를 가진 자들보다 많은 업적을 이루었고, 매일 휠체어를 타고 돌아다니면서도 물리적인 장애에 영향받지 않았다. 이런 종류의 야망은 난관을 극복하고, 많은 이들의 삶에 감동을 주며, 더 넓은 세상에 긍정적인 효과를 일으킨다.

예수는 사도들에게 비슷한 성과를 기대했다. 그는 사도

들에게 짝지어 나가서 적대적인 이들에게 복음을 설파하게 했다. 또 단출하게 여행하라고 지시했다.

"그리고 여행하는 데 지팡이 외에는 아무것도 지니지 말라고 하시며 먹을 것이나 자루도 가지지 말고 전대에 돈도 지니지 말며 신발은 신고 있는 것을 그대로 신고 속옷은 두 벌씩 껴입지 말라고 분부하셨다."(마가복음 6:8-9)

또 사도들은 믿음이 있다면 기적을 행할 수 있다고 배웠다.

"너희가 겨자씨 한 알 만한 믿음이라도 있으면, 이 산더러 '여기서 저기로 옮겨져라'해도 그대로 될 것이다. 너희가 못할 일은 하나도 없을 것이다."(마태복음 17:20)

망치머리황새와 주디 메이요트가 증언하듯, 우리는 남들이 갖는 기대치를 넘어설 수 있다. 나이나 성별, 제한적인 신체와 정신 능력의 한계를 극복할 수 있다. 믿음만 있다면 우리 역시 경이로운 일을 일구어낼 수 있다!

⋯

자신에게 관심을 갖는 것도 중요하지만 그 관심의 시선을 더 큰 곳으로 돌려보는 것은 어떨까?

더 행복한 자신이 되기 위해 노력하는 만큼 변화를 일구는 활동에 동참해보자. 신체나 정신지체 장애자들을 위한 프로그램에 참여하는 것도 좋다.

그들 역시 장애 없는 사람과 마찬가지로 한계 없이 자신만의 꿈을 꾸고 더 좋은 삶을 살기 위해 노력한다. 자신을 믿고 꿈을 이룰 수 있게 돕는 일은 당신 자신에게도 큰 자극이 될 것이며, 당신 앞의 난관을 뛰어넘는 의지를 선물할 것이다.

하마
겸손과 자기 수용

　남부 아프리카의 산 부족의 신화에서는 신이 가장 마지막에 만든 동물 중에 하마가 있다고 한다. 신은 다른 것들을 만들고 남은 것들을 써서 하마를 만들었다. 하마는 너무 뚱뚱하고 못생긴 것이 창피해서, 신에게 남의 눈에 띄지 않도록 물에서 살게 해달라고 간청했다. 신은 하마의 입과 이빨이 크니 물고기를 너무 많이 먹어치울 거라면서 거절했다. 하마는 물고기를 먹지 않고 풀을 먹겠다고 약속했다. 마침내 신은 청을 들어주었다. 하마는 밤에 물 밖으로 나와서 아무도 보지 않을 때 풀을 뜯고, 낮에는 물속에서 지낸다. 산 부족은 하마가 용변을 볼 때 꼬리로 똥을 닦는 것은, 신이 물고기 뼈가 나오지 않았는지 확인할 수 있게 하려는 것이라고 믿는다.

겸손한 자세로 진정한 나 마주하기

나는 테레사 수녀, 도로시 데이(미국의 기독교 평화주의자, 사회운동가 – 옮긴이), 토머스 머튼(미국 가톨릭 사제, 작가. 대표적 영성가 – 옮긴이)을 합한 사람이 되고 싶을 때가 많다. 하지만 산 부족의 신화는 신은 자기답게 되며 남의 영성을 모방하기보다 내 고유한 영성을 발전시키기를 기대하신다는 것을 내게 일깨워준다. 메리놀 수녀회의 설립자인 메리 조세핀 로저스는 소속 수녀들에게 본인의 재능을 쓰라고 현명하게 조언했다.

신이 각자에게 주신 독특한 재능을 써서 사람들을 신께 인도하라고 말했다. 그녀는 개인들이 공통의 틀을 만드느라 독특한 정체성을 잃는 조직화된 형태의 신앙생활은 신뢰하지 않았다. 1930년 그녀는 말했다. "각자의 일 속에서 각자의 매력을 가진 우리 개개인을 신은 특별한 도구로 사

용하셔서, 특별한 일을 하게 하고, 특별한 영혼들을 구제하게 하신다. 그것은 우리의 영이 개성을 지키려는 시도라는 것을 설명해준다."

자신의 정체성을 받아들이고 발전시키기보다는 틀에 끼워 맞추는 게 쉬운 경우가 많다. 하마처럼 우리는 너무 멍청하거나 연약하거나, 겁이 많아서 있는 그대로 받아들여

지고 사랑받지 못한다고 믿기도 한다. 그래서 본래 모습을 숨기고 평생 진실을 외면서 살려고 할 수도 있다. 요즘의 '자기 계발서' 열풍은 자기를 찾고 본래의 자기가 되라고 강조한다. 하지만 자기 수용과 자애 없이는 자신이나 남을 위해 아무것도 할 수가 없다.

예수는 우리에게 "이웃을 자신처럼 사랑하라"고 조언한다. 자신을 사랑하는 것이 이기적이며, 타인의 욕구 앞에서 머리를 숙여야 된다고 말하는 것은 가짜 영성이다. 그런 영성은 우리의 재능과 성과보다는 단점과 실수에 초점을 맞추게 한다. 그런 것은 예수와 사도들의 영성이 아니다. 그들은 단점과 약점을 가진 개성 있는 인물들이었다. 베드로는 오만하고 대담했지만 예수는 그를 교회의 머리로 삼았다. 요한은 욕심이 많아서 왕국의 첫 번째 자리를 차지하고 싶어 했지만, 사랑받는 사도였다. 마리아는 자매인 마르타가 게으르고 자기 몫의 집안일을 하지 않는다고 타박했지만, 예수는 '더 좋은 일을 선택했다'고 마르타를 칭찬했다.

그 누구도 완벽하지 않다. 신은 우리의 불완전함을 더 연민이 큰 사람이 되게 하는 데 쓴다. "신은 곡선으로 직선을 긋는다"라는 말도 있다. 영성 집필가인 헨리 우웬은 신을 따르는 모든 사람은 '상처 입은 치료사들'이라고 말한다. 자신의 상처를 깨닫고 받아들이면, 타인의 별난 면과 한계를 용납할 수 있다. 고통스러운 진실일지라도 당당히 마주한다면, 치유와 구원의 가능성이 생긴다.

에이즈로 세상을 떠난 성공회 사제, 사이몬 베일리는 『내면의 선: 사는 것과 죽는 것을 위한 우화들The Well Within: Parables for Living and Dying』에서 이렇게 썼다.

"자른 빵을 그대들의 뻗은 손 위에 놓으면서 '주님의 몸'이라고 말할 때, 그것은 내게 생생하게 다가온다. 빵을 나누어주는 것은 감염된 손이요, 손가락이다. 전염성은 없지만 삶을 위협하고 육신을 위협하는 바이러스에 감염된 손이다. 그리고 내가 당신들의 손에 놓는 것은 당신들이 나눌 수 있는 부서지고 망가지고 절단 난 몸이다. 당신들이 그리스도의 망가진 몸과 피와 그의 심장을 나눌 때, 여러분은 내 파멸도 나눈다. 그리고 내 재생, 내 치유도 나누는 것이다. 당신들이 내 고통을 나눈다는 사실을 아는 것으로 내 육신이 치유되고 편안해지고 깨끗해졌기 때문이다."

얼마나 충격적이고, 해방감을 주는 통찰력인가! 내게 이보다 본래의 의미를 가진 성찬식은 없었다. 누구나 온전하지 않다. 각자는 비참하고 상처가 있으며, 얻어맞고 망가졌다. 이런 현실을 인식하고 수용하면, 우리는 예수의 희생에 대한 실체와 구원의 신비 속에서 우리의 역할을 끌어안게 된다.

. . .

더 성숙한 자신을 만들어가는 과정은 자신의 장점은 물론 단점과 마주하는 데서 시작한다. 종이를 꺼내 내 안의 약점과 한계를 상세히 써보자. 그리고 신이 당신에게 어떤 재능과 능력을 주었는지 깊이 생각해보자.

약점을 극복하고 좋은 쪽을 발전시키는 일도 중요하지만, 단점까지도 자신의 일부라고 인정하며 받아들이는 일 역시 중요하다. 약점을 인정하는 순간 다른 이들을 받아들이는 폭이 넓어지기 때문이다.

내 안의 여러 면을 인정하는 과정은 다른 사람을 이해하는 또 다른 과정인 것이다.

코뿔새
조건 없는 사랑

코뿔새의 눈에 띄게 굴곡진 부리는 화려한 액세서리 그 이상이다. 수컷의 밝은 주황, 빨강, 노랑빛 부리는 암컷이 알을 품는 한 달과 알이 부화된 후 몇 달간 짝과 새끼들을 먹여 살리는 수단이다. 새끼를 밴 암컷과 아기들을 포식자로부터 보호하기 위해 수컷은 암컷을 나무줄기 속 구멍에 숨긴다. 먹이를 건넬 공간만 남기고 구멍을 막고, 하루에 몇 차례 드나들며 암컷을 먹인다.

수컷이 돌아오지 못 하면, 암컷과 새끼들은 나무 무덤에서 굶어 죽는다. 코뿔새 수컷은 워낙 정절을 지키고 헌신적이어서 사랑의 새로도 불린다. 사람들은 코뿔새를 잡거나 죽여서 부부나 친구 간에 정절과 헌신을 돕는 '사랑의 미약'으로 만들기도 한다.

우리를 지지하는 한결같은 사랑

피츠버그에서 자랄 때 우리 집 위층에 젊은 부부가 살았다. 그 집 딸 바비는 나보다 몇 살 아래였다. 바비는 내가 '장독대'로 알던 '장로교' 신자였지만 우리는 곧 단짝이 되었다. 가톨릭 교회가 에큐메니즘 운동(교파를 초월하는 범세계

교회주의 운동 – 옮긴이)을 지지하기 전이라, 다른 종파 신자와 친구가 되는 것은 말리던 시절이었다.

우리 동네에서 산 지 몇 년 지난 후 바비의 어머니가 결핵에 걸려서 요양원으로 가게 되었다. 몇 달 후 그녀는 집에 돌아왔지만, 몸이 허약해져서 집안 살림이나 요리를 많이 할 수가 없었다.

그녀의 남편 빌은 경찰서에서 야간 근무를 했다. 그는 낮에는 요리와 청소를 도맡으며 아내와 딸을 보살폈다. 하루에 몇 시간 이상 못 잤지만, 빌은 헌신적인 남편이요 아버지인지라 아내의 건강을 지키고 예쁜 딸이 쑥쑥 자란다면 그건 희생도 아니라고 생각했다.

빌은 지독한 경찰이기도 했다. 내가 범죄자라면 그에게 절대 잡히기 싫었을 터였다. 하지만 가족에게는 더없이 비단결 같고 배려심이 많은 사람이었다.

아내와 딸은 빌에게 자신들이 소중한 사람들임을 알았고, 그런 가장에게 식지 않는 사랑으로 보답했다. 모녀는 필요한 모든 것을 빌이 공급해주리라 믿었다. 코뿔새 수컷처럼 그가 지고지순하게 보살피리란 것을 의심하지 않았다.

나는 빌과 코뿔새의 사랑처럼, 신의 사랑도 절대적이고 무한하며, 헤아릴 수 없다고 생각한다. 그것은 우리 몸을 흐르는 활력의 근원이며, 목소리에 깃든 노래이고, 발걸음에 담긴 춤이다. 또 인생의 일면인 고난과 실망을 딛고 살아나게 해주는 내면의 힘이다.

1977년 나는 '가톨릭 정의 평화 위원회'의 홍보간사로 임명되어 케냐에서 로디지아로 파송되었다. 고작 3개월간 식민지 군대가 민간인들에게 자행하는 잔학 행위를 다룬 다큐멘터리를 촬영한 후 우리 일행은 체포당했다. 우리의 취재가 '불안감과 낙심'을 조장한다는 죄목이었다. 이언 스미스 통치 하에서 그것은 범죄였다. 나는 3주간 치쿠루비 형코뿔소에 갇혔다가 풀려났다. 그 3주일은 내가 누린 최고의 휴식기였다.

감방에서 시편과 복음서들을 읽으면서, 날 위해 쓰였다

고 느꼈다. 구절마다 역경에 처했을 때 임하는 신의 사랑과 보호에 대해 말했다. 나는 일기에 "신께서 여기에 나와 함께 계신다는 것을 알았다"라고 적었다. 침대는 더럽고 울퉁불퉁했고, 음식은 맛없고, 똑같은 일과에 자유가 없는 단조로운 생활이었다. 또 미래의 불확실성에 대한 두려움도 있었지만, 평생 그렇게 평온하고 만족스러웠던 적이 없었다. 신의 사랑이 숨 쉬는 공기처럼, 혈관을 흐르는 피처럼 생생했다. 그 이전에도, 이후에도 그런 달콤한 위로를 경험하지 못 했다.

체포되고 감옥에 가야만 신의 사랑을 경험하는 것은 아니다. 또 우리가 고난과 괴로움에 시달릴 때만 신이 말을 거는 것도 아니다. 신은 우리에게 말한다. 신성한 사랑은 어미닭이 새끼들을 날개 밑에 품을 때나, 목동이 사라진 양 한 마리를 찾으러 갈 때와 비슷하다고. 아낙네가 잃어버린 동전을 찾느라 집을 샅샅이 비질하는 것과 같다고.

신은 결코 우리와 멀리 있지 않다.

우리는 살면서 매순간 신의 사랑과 보호에 의지할 수 있다. 나무 속에 갇힌 암컷 코뿔새처럼, 신이 아무리 멀리 있어도 우리를 버리지 않는다고 믿을 수 있다. 다만 신이 우리에게 요구하는 것은 남들을 사랑하는 것뿐이다.

· · ·

　코뿔새는 헌신적이고 희생적인 동물이다. 당신은 다른 사람에게 헌신적으로 관심을 보이고 애정을 쏟은 적이 있는가? 혹은 헌신적인 관심을 받은 적이 있는가?

　누군가에게 친절을 베풀 때 대부분의 사람들은 의식적이든 무의식적이든 언젠가 상대방도 비슷한 호의를 베풀어 줄 것이라 기대한다. 보상을 바라는 사랑은 온전한 사랑이라 할 수 없다.

　자기 안의 온전한 사랑을 불러일으키는 방법 중 하나는 나만이 표현할 수 있는 사랑을 편지로 써보는 것이다. 친구나 가족을 위해 특별한 일을 하는 것도 좋은 방법이다. 그럼으로써 우리는 그를 염려하고 있다는 것을 보여줄 수 있다.

일런드영양
견디기

    일런드영양은 아프리카 대륙에 서식하는 72종의 영양 중 가장 큰 종이다. 성인 수컷은 무게가 1000kg에 육박하기도 한다. 일런드는 덩치 때문에 느려서 사자와 하이에나 같은 포식자들보다 걸음이 느리다. 하지만 더 빠르고 강한 많은 동물들보다 분명한 장점이 있어서, 다른 동물들은 굴복하는 더위와 가뭄 같은 가혹한 환경을 견딜 수 있다. 일런드영양의 몸에는 독특한 냉각 기관이 있어서 무더운 날 체온을 10℃ 정도 내린다. 일런드영양은 호흡을 통해 열을 분출하는 과정에서 수분을 잃지 않고 열을 쌓아둔다. 쌓인 열은 서늘한 밤공기 속으로 차차 발산된다.

    두 번째 냉각 기능은 다문 입으로 빠르고 리듬감 있게 호흡하는 데서 생긴다. 이렇게 코로 숨 쉬면 모세혈관을 타고 피부 가까이 흐르는 피를 식히고, 뇌로 흐르는 피가 식는다. 이 몸속 냉방장치 덕분에 일런드는 반사막과 산악지대에서 살 수 있고, 동물들의 목숨을 앗아가는 참기 힘든 더위와 건기를 견딜 수 있다. 견디는 능력은 일런드영양의 생존 비결이다.

사랑과 연민의 위대한 능력

 각종 편의와 편리를 누릴 수 있어서 고통과 불편을 겪지 않는 유복한 사회에서는 견디는 능력을 그리 중시하지 않는다. 오히려 견디는 것을 부정적으로 보기도 한다. 피할 수 있는 일을 왜 굳이 참느냐는 생각일 것이다. 하지만 모든 사회가 다 고난을 피할 수 있는 호사를 누리는 것은 아니다. 또 부자든 가난하든 누구나 자신의 쇠락과 죽음에 대한 슬픔을 비롯해 사랑하는 이들을 잃는 상실감을 견뎌야 한다. 계획대로 일이 풀리지 않거나 사랑하는 이들이 낙심시킬 때면 누구나 실망과 직면한다.

 우리는 일런드영양처럼 우아하게 견디거나, 아니면 반항해서 자신과 주변 사람들을 지치게 할 수 있다. 짐바브웨의 수도인 하라레의 동쪽 끝에는 타파라는 이름의 마을이 있다. 그곳에 사는 톤데라이라는 내 친구 내외는 내게 견딤의

본질뿐 아니라 그 아름다움을 가르쳐주었다. 톤데라이는 지역 교구의 '가톨릭 청년회' 회장이었다. 1986년 나와 캐서린 샤논 수녀가 그 마을을 찾아갔을 때, 그는 우리를 따뜻하게 환영해주었다. 톤데라이는 모든 청년이 우리를 돕도록 주선하고, 수입원을 만드는 프로젝트에 참여하도록 격려했다. 그는 고교를 마치고 바로 취직하여, 교회에서 결혼식을 올리고 2남 1녀를 낳아 가정을 꾸렸다. 그러던 그에게 병마가

찾아왔다. 그는 급격히 체중이 줄고 계속 기침을 했다. HIV와 에이즈가 많은 짐바브웨인들, 특히 청년들을 공격했지만, 짐바브웨에는 그 질환에 대한 정보가 별로 없었다. 대중매체에서도 별로 다루지 않았고, 유명 인사가 이 치명적인 병에 걸릴 경우 신문 지상에서 '지병'으로 표기되었다.

톤데라이가 병에 걸린 후, 나는 문병을 갔다가 그의 기운 없고 마른 모습에 충격을 받았다. 하지만 그는 예의 그 환한 미소로 인사하며 진심으로 나를 맞이해주었다. 나는 병문안을 갈 때마다 그가 점점 약해지는 것을 무력하게 지켜봐야 했다. 그러나 그의 아내는 사랑으로 지칠 줄 모르고 톤데라이를 간호했다. 두 사람 다 운명을 불평하거나 서글퍼하지 않았다.

내가 마지막으로 찾아갔을 때 톤데라이는 교구 사람들이 매일 저녁 찾아와서 곁에 앉아 기도해준다고 말했다. 미소를 짓자 수척한 얼굴이 환해졌다.

"그들이 저를 그렇게 사랑하는 줄 몰랐습니다."

며칠 후 그는 끝까지 그를 사랑하고 보살펴준 가족과 친지들에 둘러싸여 눈을 감았다. 밤샘 행사와 장례식에서 사람들은 존경과 사랑 넘치는 조사를 했다. 그의 아내는 세 자녀를 학교에 보내기 위해 지칠 줄 모르고 계속 일했다. 최근에 그녀는 내게 이렇게 말했다.

"매일 그이가 그리워요. 제 평생 누구도 그이를 대신하지 못할 겁니다."

이 부부의 예는 에이즈를 둘러싼 오명을 없애는 데 도움이 됐다. 톤데라이나 그의 아내를 비난하는 사람이 없었고, 그가 그 병에 걸린 경위에 대한 억측도 없었다. 오히려 사람들은 부부를 돕기 위해 모였고, 그들의 아픔과 고통에 함께했다. 교구 전체가 중요한 교훈을 배웠다.

그 후 나는 수백 명이 에이즈를 비롯해 콜레라, 말라리아, 폐렴, 결핵 같은 예방 가능한 질환으로 죽는 것을 목격했다. 모든 환자들이 톤데라이처럼 꿋꿋하게 고난을 받아들인 것은 아니었다. 또 모두 가족과 친구들의 그런 애정 넘치는 지지를 받은 것도 아니었다. 나는 일런드영양의 냉각 장치처럼, 사랑 넘치는 공동체는 큰 고통과 고난을 견디고 고초를 겪는 사람들에게 손을 내민다는 것을 배웠다. 보살핌과 연민 없는 세상은 우울과 절망으로 가는 초라한 곳이다.

우리는 사랑이 없으면 오래 견디지 못한다. 예수는 추종자들에게 그가 가는 길이 쉽지 않은 길이라고 경고한 후 말했다. "내 멍에는 쉽고 내 짐은 가벼움이라."

모순처럼 보이는 말이다. 하지만 타인을 보살펴본 사람은 남을 섬기면서 자신을 잊는 것이 얼마나 큰 상인지 잘 안다. 장 바니에가 정신지체자들에게 좋은 환경을 제공하려고 설립한 '라르시' 공동체는 사랑의 치유 능력은 환자뿐 아니라 간호하는 이들에게도 발휘된다는 것을 증명한다. 이런 공동체들은 위대한 모순인 종교 정신을 실천에 옮긴다.

"제 목숨을 살리려는 사람은 잃을 것이며, 나 때문에 또 복음 때문에 제 목숨을 잃는 사람은 살릴 것이다."(마가복음 8:35)

바니에는 말한다.

"우리는 자신의 것이든, 타인의 것이든 고난으로부터 달아나려 합니다. 우리는 예수님이 그 고통 받는 이들 속에 숨어 계시다는 것을 깨닫지 못합니다. …… 여러분은 사람들, 특히 연약하고 망가진 이들 속에 숨어 계신 예수님을 알아보게 될 것입니다. 그러므로 여러분은 더 이상 혼자가 아닐 겁니다."

톤데라이와 아내는 이 가르침을 배웠다. 우리 모두 그럴 수 있다.

. . .

    어렵거나 고통스러운 경험들이 삶 곳곳에서 당신을 기다리고 있다. 그런 경험을 통해 상처를 받기도 하지만 삶의 지혜를 배운다. 그리고 그러한 경험들은 당신의 마음의 폭을 넓혀주며 힘든 시기를 겪는 사람에게 도움을 주는 따뜻한 사람으로 거듭나게 한다.

    지금 바로 우리 주변에 도움이 필요한 사람은 없는지 찾아보자. 가까운 사람이 아니어도 좋다. 치명적인 질병에 걸린 환자들을 위한 호스피스 프로그램에 지원하거나 고아가 된 아이들을 돕는 단체를 후원하는 것으로 사랑과 연민의 마음을 표현해보자.

임팔라
변화에 열린 마음

가까운 종이 없는 특이한 영양류인 임팔라는 남부 사바나 전역, 케냐 중부에서 남아공 북부, 서쪽으로는 앙골라와 나미비아에 이르는 지역에서 큰 무리를 이루어 산다. 작고 우아한 자태를 가진 임팔라는 크기와 색깔 면에서 가젤 영양과 비슷하지만, 다른 종에 속한다.

임팔라는 변화하는 환경에 잘 적응해서, 아프리카 평원에 사는 다른 영양보다 수가 많다. 예를 들면 이들은 지역과 계절에 따라 먹이를 자주 바꾼다. 우기에는 풀로 연명하고, 건기가 오면 나뭇잎, 허브, 새싹을 먹이로 삼는다. 풀을 뜯고 나뭇잎 등을 먹을 수 있는 능력 덕분에 거의 모든 서식지에서 번성한다. 또 보통은 물가에 살지만, 장기간 물을 마시지 않고도 생존할 수 있는 동물이기도 하다.

임팔라는 독특한 방식으로 포식자를 피한다. 이들은 위험을 감지하면 사방으로 흩어져서, 공중으로 폴짝 뛰어오른다. 3m 높이로 10m 거리를 훌쩍 뛰어 공격하는 동물들이 정신을 쏙 빼놓아 쫓아오지 못하게 만든다.

암컷 임팔라가 큰 무리를 지어 살면서 수컷들에게 짝짓기 기회를 많이 제공하는 반면, 젊은 수컷들은 자기들끼리 살면서 짝짓기 권리를 두고 경쟁한다. 권력을 장악한 수컷만이 번식할 수 있지만, 석 달이 지나면 다른 치근대는 수컷들로부터 암컷들을 지키는 데 지쳐서 스스로 물러난다. 경쟁자에게 밀려난 수컷은 다시 경쟁할 수 있을 만큼 강해질 때까지 다른 무리 속에 끼어 지낸다. 이런 잦은 이동은 동종 번식과 무리의 강화를 저해한다.

변화는 삶이 건네는 즐거운 초대

 임팔라와 달리 인간들은 변화를 받아들이기 힘들어한다. 우리는 습관과 생활양식에 쉽게 익숙해진다. 사는 동네나 직장, 심지어 식단을 바꾸는 것조차 큰 도전일 수 있다. 매일 같은 길로 출근하고, 매주 교회에서 같은 자리에 앉으면서, 매년 같은 스케줄로 산다.

 이런 규칙성은 생활을 안정감 있고 예측가능하게 한다는 장점이 있다. 반면 인생의 중요한 부분까지 그런 식이라면, 새로운 현실에 적응하지 못하고 다른 부류의 사람들과 어울리지 못하게 될 위험이 있다. 예를 들면 예측과 편견에서 놓여나기 힘들다. 또 근거가 없는데도 본인의 관점에만 집착한다.

 짐바브웨의 쇼나 부족에게는 신의 이름이 여럿이다. 내가 좋아하는 이름은 '상황을 거꾸로 뒤집는 분'이라는 뜻의

'치핀디쿠레'. 이 말의 어근은 '뿌리째 뽑히다'라는 뜻의 '쿠핀두카'이다. 살면서 원치 않고 계획에 없던 변화가 생길 때 거기 신이 있음을 알려주는 얼마나 놀라운 개념인가! 우리가 변화로의 초대에 열려 있다면 그 변화들이 다양한 축복을 가져올 수도 있다. 변화를 거부하면 우린 비참해질 수도 있다.

내 인생에는 그런 초대들이 넘실댄다. 케냐의 나이로비에서 처음 선교를 시작할 때는 대단히 행복하고 만족스러웠다. 나는 가톨릭 교회의 홍보 책임자로 사역했다. 지역 기자들과 방송 진행자들을 교육시키는 일은 대단히 보람찼고, 내가 속한 공동체는 열려 있었으며 보살핌이 가득한 곳이었다. 나는 나이로비를 떠나거나 다른 업무를 맡을 의사가 없었다.

하지만 1977년 2월 13일, 내 생일에 로디지아의 '가톨릭 정의와 평화 위원회'의 언론 간사를 맡으라는 예상 못했던 부름을 받았다. 당시 로디지아는 독립을 쟁취하기 위한 험

난한 싸움 중이었고, 위원회는 소수 백인이 통치하는 체제에 대해 비난의 목소리를 높였다. 나는 깊이 사랑하게 된 곳을 떠나야 했지만, 신이 나를 그곳으로 부르신다는 것을 금방 알았다.

그해 5월 말에 로디지아로 옮겨갔다. 석 달간 이언 스미스 군의 전쟁 범죄 관련 다큐멘터리를 제작한 후, 다시 예기치 못한 변화의 부름을 받았다. 앞서 '코뿔새' 이야기에서도 말했지만 나는 체포되었고, 3주간 구금된 후 미국으로 추방당했다. 이 급작스럽고 불안한 변화 덕분에, 앞으로 맞을 변화들에 대한 마음의 준비를 할 수 있었다. 1년 후 모잠비크에 가서 짐바브웨 난민들과 일하라는 부름을 받았다. 그 일을 계기로 교육, 개발, 리더십 훈련 분야에서 새로운 선교 활동을 하게 되었다.

이런 각각의 변화는 전혀 예상 못한 일이고 대단히 벅찼지만, 내게 새 삶과 에너지를 안겨주었다. 솔직히 완전히 곤두박질쳐서 평소 즐기고 소중히 여기던 많은 것을 내놓아야 했다. 가장 최근에 겪은 변화에의 부름은 2008년 10월, 소속 공동체의 대표로 선출된 일이었다. 30년 가까이 내게는 집이었던 짐바브웨를 떠나라는 부름을 받고 새로운 모험에 나섰다. 그동안 풀을 뜯으면서 나뭇잎도 따먹는 법을 배웠고, 예상 못한 신의 부름들에 변화로 응한 것이 전혀 후회스럽지 않다.

. . .

신문이나 인터넷에서 어떤 일을 보고 '돕고 싶다' '이건 해야겠다' 마음먹은 적이 있을 것이다. 그것이 바로 인생이 당신에게 보내는 변화로의 초대이다. 인생을 변화시키는 초대는 그런 방식으로 당신에게 찾아온다.

변화의 고비에서 당신은 무엇을 유지하고, 무엇을 바꿀 것인지 결정해야 한다. 그 결정들이 부담스러울 수도 있지만, 새로운 시도를 한다는 것은 스스로도 몰랐던 자신의 모습을 발견하거나 또 다른 인생의 기회를 맞이할 좋은 계기가 될 것이다.

사자
장난기와 여가

사자는 체구가 크고 강하며 위험하다. 동물, 사람 할 것 없이 사자를 겁낸다. '동물의 왕'으로 불리는 사자는 사냥 솜씨와 생존 기술에 관한 한 비교 대상이 없다. 영화 〈라이온 킹〉 덕분에 이 놀라운 동물의 리더십과 인간적인 특징이 사람들에게 영원히 각인되었다.

무리는 암컷 몇 마리와 그들의 새끼들로 이루어진다. 전형적인 무리는 13마리 정도이며 먹이의 양에 따라 좁게는 $12km^2$, 넓게는 $250km^2$에 이르는 집 혹은 영역에 산다. 수컷 새끼는 두 살 반이 되면 떠나야 하지만, 무리 내의 암컷들은 같은 영역에 살면서 서로 관계를 맺고 같은 수컷들을 배필로 공유한다. 말하자면 지배적인 수컷들의 하렘인 셈이다.

노래하고 춤추고 기도하며 살라

사자 무리가 가시나무 그늘에서 쉬는 모습은 이렇다. 새끼들은 뒹굴며 놀고, 어미들은 낮잠을 자고 아비는 근처 바위에서 위풍당당하게 지켜본다. 그런 광경을 보면 위험하다는 사실도 잊고 다가가서 집고양이처럼 쓰다듬어주고 싶어진다. 〈라이온 킹〉에서 새끼 사자가 친구들인 흑멧돼지, 족제비와 쿵쾅대면서 '하쿠나 마타타'를 부르는 장면은 이 강인한 짐승의 장난기를 잘 보여준다. 성인 수컷도 장난기를 잃지 않는다. 사자들은 먹이만 충분하면 24시간 중 20시간을 쉬고 노는 데 쏟기도 한다. 그러다 늦은 오후나 이른 저녁때가 되서야 사냥에 나선다.

산업화된 현대 사회에서 여가 시간은 드물며, 오락이라 하면 텔레비전이나 컴퓨터 앞에 앉아 있는 것을 뜻한다. 오락은 거대 사업이 되었고 엄청난 비용이 든다. 주말에도 일하거나 집에 일거리를 가져오는 사람도 많다. 1년에 겨우 2주 휴가를 얻어 가족과 보낸다. 함께 쉬는 시간이 적어 이혼으로 끝나는 경우가 많은 것도 놀라운 일이 아니다.

교회 역시 열심히 일하는 것을 선하다고 보는 경향이 있다. 1960년대 내가 수도 생활을 시작했을 때, 우리는 일과의 대부분을 노동이나 예배로 보냈다. 매일 저녁 따로 한 시간을 마련해서 공동 오락 시간을 가졌다. 2차 바티칸 공회 이후 빠듯한 일과와 엄격한 생활양식이 융통성 있는 생활로 대체되었다. 하지만 수녀원장님의 통제 대신 노동의 통제를 받게 되었다. 이제는 쉬면서 교제하는 시간이 하루 1시간도 안 될지 모른다. 수녀들은 밤늦도록 각자 자기 방에서 모금 요청서를 마무리하거나 내일 수업을 준비하려 애쓴다. 이제 공동생활은 한 지붕 아래 사는 것 이상의 의미가 없을지 모르겠다.

예수가 첫 번째 기적을 혼인잔치에서 베푼 것은, 그가 재미와 여가를 중요하게 여겼음을 말해준다. 예수와 어머

니가 다른 손님들과 함께 잔치 자리에 있는 상상을 해볼 수 있다. 예수는 마르타, 마리아, 라자로의 집에서 친구들과 함께 하면서 식사를 즐기고 휴식을 취했다. 마르타가 동생에게 와서 부엌일을 거들라고 꾸짖자, 예수는 시간을 내서 친구들과 대화하는 것도 좋은 일이라고 마르타에게 부드럽게 일깨워주었다.

창조 이야기는 하느님이 하루 동안 물러나 앉아서 창조한 것을 즐겼음을 말해준다. 아무 일도 하지 않는 유대 안식일의 기원이 그것이다. 이단인 '얀센주의'(극도로 엄격한 신앙생활과 윤리를 강조하는 극단적인 원리주의 종파-옮긴이)는 청교도적인 노동 윤리를 차용해서, 현대 기독교인들의 삶을 오도했다. 얀센주의는 즐기는 것이 죄악이며, 인간은 생계를 위해 시달리고 땀 흘리게 창조되었다고 가르쳤다. 선한 일을 하는 것이 '거룩'과 동의어가 되었다. 난 아주 어려서 "게으른 손은 악마의 짓"이라는 말을 배웠다. 지금도 짬을 내서 쉬면 죄책감이 느껴지고, 휴가를 갈 때면 나도 모르게 변명을 해야 될 것 같다.

먹을 게 부족해도 종일 웃고 떠드는 짐바브웨 친구들을 보면 감탄스럽다. 생활이 아무리 힘든 상황에서도, 그들은 노래하고 춤추고 기도한다. 서구인들은 이것을 '나태'라 부르고, 아프리카가 궁핍한 것은 서구식 노동 윤리를 거부해서라고 보는 경향이 있다. 하지만 나는 그 반대라고 생각한다. 서구가 아프리카의 놀이 윤리를 도입하고 관계를 우선으로 생각한다면, 그 과정이 더욱 인간적이 되고 심장발작과 고혈압이 줄어들 것 같다.

짐바브웨 독립 전쟁기에 모잠비크의 난민 수용소에 살면서 스포츠, 연극, 이야기 구연, 노래, 춤이 일과의 주요 부분임을 알고 놀라고 기뻤다. 그런 활동이 "사기를 돋운다"고 했다. 정기적으로 문화 축제를 열어서 사람들이 재능을 개발하고 서로를 즐겁게 해줄 수 있었다. 식량과 자원은 부족했지만, 함께 하는 것과 신이 주신 재능과 창의력으로 서로를 위로하는 데서 즐거움과 기쁨을 얻었다. 사람들이 속도를 늦추고, 멈춰 서서 시계를 보고, 함께 하는 것을 즐기는 법을 배울 수 있다면 얼마나 멋질까!

사자는 고양이과 동물 중 유일하게 같이 사냥한다. 같이 놀기 때문에 사냥에서도 협동할 수 있는 것이리라.

· · ·

바쁠수록 안식이 꼭 필요하다. 1주일에 하루는 시계를 풀고 시간 보지 않기, 악기 연주나 도자기 만들기 같은 취미 생활 갖기, 적어도 한 달에 한 번은 친구들과 조용한 곳에 가서 이야기 나누기 등.

주말마다 일을 갖고 가면 늘 경직된 상태에 머물게 되고, 정신적으로 여유를 찾기 힘들다. 우리가 어린아이였을 때는 바깥 놀이와 나 자신의 즐거움에 집중하며 매일을 보냈을 것이다. 안식을 갖는다는 것은 어린 시절의 장난기를 되찾음으로써 더 인간다운 삶을 살 수 있다는 뜻이다.

잠시 일에서 눈을 떼고 자신만의 시간을 가져보기를!

타조
조심성

영화 〈판타지아〉는 타조를, 발레하듯 공중으로 뛰어오르는 우아한 춤꾼으로 각인시켰다. 세계에서 가장 큰 새로 키가 2.7m에 달하는 타조는 5m 높이까지 성큼 뛰어오른다. 날지 못해도 시속 85km로 달릴 수 있다. 타조는 강한 다리 덕분에 포식자보다 빨리 뛸 수 있으며, 다리를 무기로 쓸 수도 있다. 민첩한 발차기 한 번에 사자를 쓰러트릴 수도 있다.

인간 포식자는 물리치기가 쉽지 않다. 18세기에 아름다운 깃털이 여인의 패션에서 인기를 얻으면서 타조는 거의 멸종했다. 타조는 아프리카 왕족들 사이에서도 인기가 높아서, 머리와 추장의 망토 장식에 쓰였다. 1838년 타조 농장이 시작되어 타조를 보존해왔으며 깃털, 고기, 가죽, 알이 사용된다.

타조는 대단히 사교적인 조류로 지배적인 수컷, 우두머리 암컷, 암컷의 수하들로 이루어지는 일부다처제 가족이다. 구애는 형식이 있고 다 똑같아서, 우아한 구애 동작은 〈판타지아〉의 춤과 과히 다르지 않다. 모든 암컷이 같은 둥지에 알을 낳으며, 수컷은 새끼를 키우는 일뿐 아니라 둥지를 만들고 지키는 역할을 한다.

슬기로운 선택을 내리는 길

큰 깃털을 가진 새가 머리를 모래에 파묻고 있는 것이 타조의 또 다른 이미지다. 그래서 타조는 불행히도 삶의 문제를 회피하며 사는 사람들의 상징이 되었다. 사실 타조는 머리를 모래에 묻지 않고, 곤란한 일을 감지하면 조심스러운 자세를 취한다. 긴 목을 땅에 대고 눈에 덜 띄게 하려고 한다. 타조의 검은색, 흰색, 갈색 깃털이 모래와 섞여서, 위험 요소가 지나갈 때까지 눈길을 끄는 것을 피할 수 있다.

타조의 조심스러운 접근법은 우리가 위험과 고통에 처했을 때 따라해볼 만하다. 짐바브웨 해방 전쟁 기간 중 나는 모잠비크의 숲에서 짐바브웨 난민들과 함께 생활했다. 난민들은 당시 로디지아의 공습을 피하려고 매일 새벽 수용소를 떠나 더 깊은 숲으로 들어갔다. 전에 수백 명의 목숨을 앗아간 공중 폭격을 경험하면서 나는 조심성을 배웠다. 위험에 맞닥뜨려서 조심하는 것은 겁쟁이의 행보가 아니다. 그것은 때로 가장 현명한 조치다.

현명한 부모들은 자녀들이 알코올과 마약에 손대거나, 혼전 성교 같은 위험하거나 불법적인 일에 빠지지 않게 주의시킨다. 현명한 의사들은 환자에게 건강한 생활습관을 갖도록 조언하고, 현명한 사제들은 신자들에게 선을 행하고 악을 피하라고 격려한다.

예수는 우리에게 인생에서 선택을 할 때는 신중하라고 가르쳤다. 결국은 없어질 재물을 땅에 쌓지 말고 영원한 삶으로 이어지는 선택을 하라고 경고했다. 예를 들어 예수님은 부유한 청년에게 가난하고 궁핍한 이들과 재산을 나누라고 요구한다.

"예수께서는 그를 유심히 바라보시고 대견해 하시며 이렇게 말씀하셨다. '너에게 한 가지 부족한 것이 있다. 가서 가진 것을 다 팔아 가난한 사람들에게 나누어 주어라. 그러면 하늘에서 보화를 얻게 될 것이다. 그러니 내가 시키는

대로 하고 나서 나를 따라 오너라.'"(마가복음 10:21)

청년은 절을 하고 돌아선다. 그는 예수와의 관계보다 재산을 더 귀하게 여겼다.

서구에서는 재물을 축적하는 것이 정상적인 행위다. 광고업계는 우리가 세속적인 물건을 욕심내게 조장한다. 소

비는 긍정적인 것으로 그려진다.

옷장에는 입지 않는 옷이 넘치고, 차고에는 잔디밭과 정원용 공구가 가득하다. 서랍에는 쓰지 않는 물건이 잔뜩 있다. 그런데도 남는 물건을 빈자들에게 주라는 요청을 받으면 우리는 어떻게 반응하나? 남는 물건을 기꺼이 내주는가, 아니면 부유한 청년처럼 서글프게 돌아서는가? 그의 의도는 선했으나 희생하려는 의지가 부족했다. 우리 안에도 이 청년 같은 선함과 나약함이 자리한다.

아프리카 대륙에서 40년을 보낸 지금까지도 사람들이 그렇게 가진 것 없이도 생존한다는 게 놀랍다. 대부분 살림살이는 냄비 몇 개, 담요, 의자 한 개뿐이다. 옷은 일하러 갈 때 입는 옷과 교회 갈 때와 명절에 입는 옷, 두 벌뿐이다. 수도, 전기, 집 안의 배관은 다들 꿈꾸는 설비다. 정치가들이 어떤 공약을 내걸어도 일반인들은 평생 그런 것들을 누리지 못하리란 걸 안다. 이 비참한 물자 부족은 북구의 풍요와 쌍을 이루는 동전의 다른 한면일 뿐이다.

세계 자원 사용의 심각한 불균형은 우리에게 경고한다. 만델라 같은 세계적인 지도자들은 부자들에게 "남들이 소박하게 살 수 있게 소박하게 살라"고 주문한다. 만델라는 세상의 불평등을 새로운 종류의 흑백분리 정책으로 묘사하면서 '소박하게 살기 캠페인'을 지지한다.

이것은 몇 년 전 기독교 구호 단체가 세계 경제 질서의 불의를 목도하고, 그 문제를 다루기 위해 조직한 단체에서 처음 등장한 캠페인이다. 그들은 우리에게 그런 심각한 불평등에서 폭력이 자란다는 사실을 일깨워준다.

살면서 시간을 갖고 한 걸음 물러서서 우리가 내린 선택들을 살펴보는가? 우리가 무엇을 소중히 여기는지 아는가? 부자와 빈자의 격차가 계속해서 벌어지는 데 우리도 역할을 한다는 것을 아는지? 어쩌면 지금이 멈출 때이다. 머리를 땅에 박고 모든 잡념을 털어내고 장래를 위한 좋은 선택을 할 때가 지금이다.

∙ ∙ ∙

삶이 어디로 향하는지 알 수 없고, 어떤 길을 선택해야 좋을지 결정하기 힘든 순간들이 있다. 머릿속에는 선택 후에 벌어질 일들이 영화의 한 장면처럼 스쳐지나갈 것이다. 선택의 순간에 섰을 때, 인생에서 진짜 중요한 것이 무엇인지 먼저 생각해야 한다.

선택을 돕는 힘은 삶의 가치가 되어야 하며, 그런 기준을 바르게 세워야 스스로도 그 선택에 대해 만족할 수 있다.

삶의 방향에 대해 곰곰이 생각해보는 시간. 이 시간은 선택의 고비마다 흔들림 없는 결정을 하게 당신을 도울 것이다.

올빼미
용기

 밤의 맹금인 올빼미는 어둠 속을 소리 없이 날고, 뛰어난 야간 식별 능력과 청력을 이용해서 먹이를 포착한다. 세계적으로 132종이 퍼져 있으며 아프리카 대륙에는 38종이 산다. 올빼미는 나무 구멍을 찾거나 다른 새의 둥지를 빼앗아서 알을 낳는다. 나무 가지에 앉아서 종일 꼼짝하지 않는 때도 있다. 올빼미는 머리를 360도 회전할 수 있어서, 어느 방향에 있는 먹이든 찾아낸다. 설치류, 조류, 뱀, 도마뱀, 두꺼비, 물고기, 곤충이 모두 올빼미의 먹이다.

 아프리카에서는 일반적으로 올빼미를 나쁜 전조로 본다. 지금도 곳곳에 만연한 마법 행위와 연결되어 사람들은 올빼미를 겁내고 피한다. 어둠 속에서 오싹하게 들리는 울음소리와 조용히 다가오는 성질은 민담과 신화의 흔한 소재다.

두려움 속에서 발견하는 강인함

처음 아프리카에 도착했을 때 나는 비과학적인 것이 곧 미신이라고 보는 경향이 있었다. 아프리카의 세계관이 '원시적' 혹은 열등하다는 초기 탐험가와 선교사들의 주장에는 반대했다. 하지만 곧 나도 이런 추측과 편견을 일부 갖고 있다는 것을 깨달았다. 실제로 아프리카에서 여러 상황을 마주하니, 생각과 드러나는 행동이 달랐던 셈이다.

나중에 전쟁, 강간, 고문, 실종 등 여러 형태의 폭력과 맞닥뜨리자, 불안정감과 두려움을 느끼게 됐다. 짐바브웨에는 폭력 희생자를 치유하는 의사, 간호사, 카운슬러, 인권 운동가로 이루어진 팀이 있다. 이 팀은 이곳의 어렵고 두려운 상황에서도 용기를 갖고 다른 이들을 도우려는 사람들로 이루어져 있다. 이 팀의 리더인 나는 한밤중의 문 두드리는 소리가 두려웠다. 그것은 체포나 실종, 구타, 죽음을 알리는 소리였기 때문이었다.

일부 동료와 친구들은 그런 상처를 딛고 영웅적이고 위험한 일을 계속 하기 위해 돌아왔다. 러브모어 마듀쿠는 짐바브웨에서 헌법적인 변화를 모색하는 독립적인 민간단체 '국가 헌법 회의NCA'의 회장이었다. 그는 스무 번 이상 체포되어 구타와 고문을 당했다. 한번은 납치되어 심한 구타를 당하고, 초주검이 되어 도로변에 버려진 적이 있었다. 지나가던 오토바이 운전자가 발견해서 병원에 데려가지 않았다면, 그는 세상을 떠났을 것이다.

마듀쿠는 인터뷰에서 이렇게 말했다.

"나는 어떤 면으로는 공포의 문턱을 넘어섰기에 저항을 통해 강해졌다는 것을 알게 되었습니다. 이런 것을 이론으로 정립한 후에야 경찰과 맞설 수 있다고 말할 수는 없습니다. 그냥 끼어들었다가 그 순간 상황과 맞닥뜨리는 겁니다. 내가 옳은 일을 하고 있다는 신념이야말로 두려움에 맞설 때 가장 강력한 무기입니다. 나를 반대하는 99명이 있을 수

있습니다. 하지만 신께서는 그럴 때마다 내가 하는 일이 옳다고 믿는다고 속삭이는 한 사람을 마련해주십니다."

나는 개인적으로 마듀쿠의 말이 맞다는 것을 경험했다. 식민지 로디지아에서 다수결 원칙을 지지하고 이언 스미스

치하 치안부대의 전쟁 범죄를 폭로했다고 수감되었을 때였다. 내가 법정으로 이송될 때 다른 죄수가 신발 끈을 묶는 것처럼 몸을 굽히고 내게 속삭였다.

"교회만 당신을 지지하는 게 아니에요. 온 나라가 당신을 지지합니다."

이 격려의 말 덕분에 나는 판사와 맞서고 자신 있게 진실을 말할 수 있었다. 마듀쿠의 말처럼 내가 하는 일을 믿고 지지한다는 속삭임이었던 것이다.

방청객이 꽉 찬 법정에서 어떤 운명이 기다릴지 모르는 와중에 성경 구절이 머리를 스쳤다.

"너희는 나 때문에 총독들과 왕들에게 끌려 가 재판을 받으며 그들과 이방인들 앞에서 나를 증언하게 될 것이다. 그러나 잡혀 갔을 때에 '무슨 말을 어떻게 할까?'하고 미리 걱정하지 말아라. 때가 오면 너희가 해야 할 말을 일러 주실 것이다. 말하는 이는 너희가 아니라 너희 안에서 말씀하시는 아버지의 성령이시다."(마태복음 10:18-20)

나는 식민지의 제도를 불공정하게 보며, 억압받고 차별받는 이들이 주장하는 자유를 지지한다고 두려움 없이 증언했다. 판사는 내가 '공산주의자이며 테러범임을 자백'했다고 비난하면서 보석을 거부하고 교도소로 되돌려 보냈다. 놀랍게도 교도관들이 손뼉을 치면서 내게 말했다.

"당신이 그들(자유 투사들)을 테러범으로 부르지 않겠다고 했을 때 우리는 손뼉을 칠 뻔 했습니다."

그들은 자식들을 먹여 살려야 되기에 교도관 일을 하지만, 다수결 원칙을 지지한다고 말했다.

그때부터 간수들은 계속 나와 대화했고, 과일이나 짐바브웨인들의 주식인 옥수수 죽 '사드자' 같은 작은 선물을 갖다 주었다. 내가 추방되던 날 다른 죄수들이 나보다 먼저 그 사실을 알았다. '테러범'에게 음식을 주거나, 그들과 합류하러 국경을 넘으려다 잡힌 젊은 여성들이었다. 그들은 내게 국제 엠네스티에 전해달라면서 은밀히 편지를 건넸다. 편지에는 그들이 감옥에서 처한 극심한 상황과 붙잡혔을 때 구타와 고문을 당한 내용이 적혀 있었다. '가톨릭 정의와 평화 위원회'는 이 편지들을 받아서 엠네스티에 전달해 널리 알려지게 했다. 이후로 다시는 그때의 결속력과 지지받는 기분을 맛본 적이 없다. 기억만이 남아서 용기를 주어 두려움을 물리치게 도와준다.

올빼미에게서 두려움이 근거 없는 것이며, 최악의 악몽도 알고 보면 우리의 단짝 친구일지 모른다는 것을 배우자! 몰라서 겁나는 것들이 있겠지만 이 경험이 우리가 생각보다 강인하다는 것을 가르쳐줄 것이다. 바른 목표를 두고 연대한다면 서로에게 힘을 얻을 수 있다. 러브모어 마듀쿠는 우리에게 가르쳐준다.

"어느 날은 성공하지 못할 겁니다. 시련이 있기 마련입니다. 하지만 위험을 무릅쓰고 두려움을 극복하겠다는 이성적인 결정을 한, 확신에 찬 이들에게 넓은 토대를 마련해주는 일, 그게 우리가 하고 싶은 일입니다."

・・・

    성인이나 순교자의 생애가 존경받고 계속 전해지는 이유는 그들이 하기 어려운 일을 했기 때문이다. 자신의 신념을 지키고 세상에 알리기 위해 위험을 무릅쓰고 두려움을 극복하기란 쉽지 않다.

    이들처럼 용기를 내서 깊이 믿는 일을 추진해보자. 무엇이 나를 두렵게 하고 무엇이 내게 용기를 주는지 생각하고, 한 발짝씩 내딛는다면 성인이나 순교자, 혹은 러브모어 마듀쿠 못지 않은 훌륭한 자신만의 길을 걷게 될 것이다.

고슴도치
정의

남아프리카 고슴도치의 몸에는 적으로부터 자신을 보호하는 바늘이 잔뜩 나 있다. 어떤 바늘은 30cm까지 자라, 포식자를 치명적으로 감염시키기도 한다. 전에는 고슴도치가 바늘을 '쏜다'고 예측했지만 그건 사실이 아니다. 바늘은 쉽게 빠져서 다른 동물의 주둥이나 몸에 박히는 것이다. 끝에 가시가 있어서 제거가 쉽지 않아 감염을 일으켜서 죽게 할 수도 있다.

고슴도치는 야행성 동물로 뿌리, 나무껍질, 작물, 과일을 먹고 산다. 공격적이지 않고 남을 해치려 하지도 않는다. 하지만 공격받으면 자기 보호의 수단으로, 뒤쪽으로 달려들어 뾰족한 바늘로 피해를 입힌다. 바늘이 빠진 자리에는 새 바늘이 자란다.

용서에서 얻는 마음의 평화

 바늘이라는 특이한 방어 장치는, 자기를 보호하고 공격자들을 물리치는 다양한 수단에 대해 생각하게 한다. 북아메리카에서는 법에 의지해서 자기를 보호하고 정의를 구현한다. 미국에서는 소송이 흔한 일이 되었다. 의사들은 오진으로 소송당하고, 제조사들은 집단 소송을 당한다. 배우자는 법정에서 이혼하고, 죄인들은 소소한 절도죄부터 살인에 이르는 범죄를 저지르고 재판 받는다. 그리고 유죄 판결이 내려지면 벌금을 내거나 교도소로 보내진다. 경범죄나 가벼운 범법 행위를 저지른 경우 사회봉사 명령을 받기도 한다. 법으로 해결되지 않는 일이 거의 없다.

 이런 법률제도는 피해자를 만족시키고 일종의 정의를 구현한다. 하지만 법률 공방이 이해, 용서, 화해, 치유를 가져오지는 못한다. 특히 사형 제도는 피해자의 유족에게는

보복 욕구는 충족시킬지 몰라도, 마음에 평화를 가져오거나 잃어버린 사랑하는 이를 대신할 수는 없다.

아프리카 사회는 나름대로 정의를 지킨다. 어떤 경우에는 벌로 집단 폭행을 가한다. 특히 좀도둑질을 하다가 잡히면 죽도록 맞는 수도 있다. 시골 마을에서는 원로들이나 지도자들이 마을 법정을 열어서, 양쪽의 주장을 듣고 판결을 내린다. 모두 그 판결을 받아들이고, 상처 나거나 깨진 관계가 회복된다. 험난한 환경에서 살아남으려면 공동으로 일해야 되기에, 단결된 시골 공동체에 이런 제도가 필요하다.

나는 사제이며 치료사인 무당과의 기도 의식 중에 전통적인 지혜가 펼쳐지는 것을 목격했다. 아침 의식 참석자 몇 명은 이 전통 의식 중에 해결해야 할 문제들을 안고 왔다. 무당은 공동체에 대한 지식, 지방 관습, 의례에 근거해서 경청한 다음 판결을 내리고 벌을 준다. 가톨릭의 참회 의식처럼 이들의 의례에는 고백, 회개, 속죄 행위가 포함된다. 대부분 함께 잔치를 열고 거기서 상처가 완화된다.

남아공은 인종차별 정책 말기에 '진실과 화해 위원회'를 세워 상황을 바로 잡는다는 색다른 방식을 시도했다. 투투 주교를 수장으로 한 위원회는 수백 건의 경위를 듣고, 피해자 가족들 앞에서 죄를 인정한 악한들을 사면해주었다. 위원회를 세워 갈등을 조절하는 일이 완벽한 모델을 아닐지도 모른다. 그렇다 해도 양측의 화해와 관계 회복을 도모하는 정의 회복에 근접한 형태라 하겠다.

예수는 더 급진적인 모델을 우리에게 제시했다. 그는 정의만큼이나 자비가 중요하며, 참회와 용서는 늘 가능하다는 것을 가르쳐주었다. 그는 간음한 여자를 용서하면서, 결백한 사람은 아무도 없다고 지적했다. 우물에서 만난 여자가 결혼해서 이혼한 줄 알면서도 존중하며 대했다. 예수는 세금을 징수하는 세리가 부패한 직업으로 악명 높은데도 제자들 속으로 불렀다. 막달라 마리아의 온전치 못한 삶을 비난하기보다는 그녀의 발을 씻기는 사랑의 행위를 칭찬했다.

우리가 예수 같은 태도를 지닌다면 세상이 얼마나 달라질까 상상해보길!

우리의 바늘은 상처를 입히는 데가 아닌 보호하는 데 쓰일 것이다. 또 우리는 해를 입히거나 벌을 주기보다는, 이해하고 용서하려 애쓸 것이다. 투투 주교는 이것을 한마디로 정리해서 말했다.

"용서는 악인에게 되갚음 할 권리를 포기하는 것을 뜻하지만, 그런 손해가 바로 피해자를 자유롭게 한다."

· · ·

    정의로운 사회에서 살고 있다는 믿음이 있어야 당신의 모습도 더 올바르고 밝게 변할 수 있다.
    당신이 속한 사회에서 정의롭지 못한 일을 목격한 적이 있는가? 그럴 때 어떤 생각을 했는가? 당신 자신에게 많이 묻고 정의롭지 못한 일을 어떻게 해야 바른 방향으로 되돌릴 수 있을지도 고민해 보자.
    예를 들어, 사형 제도를 실행하는 지역에서 어떤 일이 자행되는지 알아보고 반대 운동을 할 수도 있을 것이다.

코뿔소
안정감

코뿔소는 좀처럼 영역 밖으로 나가지 않는 습관을 가진 동물이다. 예측가능성과 습관 유지 때문에 생존이 위험해진 종이 되었다. 코뿔소의 엄니가 일부 문화권에서 약이나 최음제로 쓰이기 때문에 사람들은 코뿔소를 죽인다.

코뿔소의 습관과 서식지가 잘 알려진데다 거의 바뀌지 않아서, 포획자들은 코뿔소를 쉽게 찾아낸다. 코뿔소는 짝짓기나 새끼를 키울 때를 제외하면 홀로 사는 습성이 있다.

삶의 방향을 잃지 않는 법

하라레의 '실베이라 하우스'에서 열리는 '리더십과 평화 조성 코스'에서는 동물의 특성을 이용해 인간 행동을 묘사하곤 한다. 사람들이 결점을 웃으면서 받아들이고 정직한 지적의 무안함을 더는 데 도움이 되는 방법이다. 그런 시간에 코뿔소는 완고함의 예로 설명된다.

그림 속 코뿔소는 양다리로 떡하니 버티고 서서 무슨 일이 생기든, 누가 뭐라고 하든 꼼짝하려 들지 않는다. 코뿔소로서는 억울한 설명일지 모른다. 코뿔소가 거구에 단단하고 길을 막을 수도 있는 동물임은 분명하다. 하지만 완고함의 상징보다는 충실함의 상징으로 보고 싶다. 그런 충실함과 안정감은, 변화와 새로움이 기준인 오늘의 사회에서는 드문 면모다. 추월차선에서 사는 것이 곧 기동성과 성공을 의미하게 된 세상이니까.

내가 성장한 시대에는 충실함과 안정감이 당연시되었다. 이혼은 드물었고, 평생 같은 직장에서 일했다. 또 결혼해서도 어릴 때 자란 동네에 정착하는 경향이 있었다. 미국에서는 이런 양상이 급격히 변했지만, 세계적으로 여전히 그런 곳이 몇 군데 있다.

1998년 '실베이라 하우스'에 합류했을 때, 대부분의 스태프가 20년 넘게 근무 중인 것을 알고 기뻤다. 첫 은퇴자는 운전수로, 32년 전 센터 설립 때부터 근무했다. 일상의 어려움 때문에 더 나은 곳을 찾는 현실에서 이런 종류의 충실함은 점점 보기 드물어진다. 짐바브웨 사람들의 경우, 임시 일자리를 찾거나 국경을 오가며 장사하려고 남아공으로 많이 간다.

지미는 아주 다른 선택을 했다. 그는 8년간 하라레의 거리에서 살았지만 절망하지 않았고, 보통의 집 없는 젊은이들과는 달리 범죄나 마약, 술에 손대지 않았다. 대신 천주교구의 '세인트 빈센트 드 폴 소사이어티'의 도움으로 '실베이라 하우스'에서 4개월짜리 벽돌쌓기 과정을 이수했다. 과정을 수료한 후에는 지역 건설사에 취직했고 첫 월급으로 단칸방을 세낼 수 있었다. 그의 생활은 점점 나아졌다. 몇 년 후에는 결혼해서 가정을 일구었다. 그는 맏아들의 이름을, 그를 도와준 예수회 신부의 이름인 스펜서로 지었다. 또 벽돌쌓기 수업료를 대준 '폴 소사이어티'의 회원이 되어 열심히 활동했다.

이제 지미는 사업을 하면서, 여가 시간에는 예전의 자신처럼 가난하고 집 없는 사람들을 돕는다. 나는 고통스런 과거를 이길 수 있었던 데 놀라며, 어떻게 다시 삶을 일굴 수 있었냐고 물었다. 그는 이렇게 설명했다.

"스펜서 신부님이 상담해주셨어요. 주마다 하루 시간을 내어 저와 보내시며 올바르게 사는 법을 가르쳐주셨어요. 제가 잘못하면 바로잡아 주셨고요. 그래서 힘든 거리 생활에서 더 좋은 삶으로 변화할 수 있었지요."

사랑 많은 사제의 조언과 모범은 지미의 삶에 안정감과 목적의식을 안겨주었다. 꼭 상담을 전공해야만 멘토나 길잡이가 되는 게 아니다. 시간을 내고 잘 들어주려는 의지가 가장 중요하다. 나는 살면서 지혜로운 이들을 많이 만나는 축복을 누렸다. 특히 선배 수녀님들이 시간을 내서 내 희망과 꿈을 들어주었다. 또 오랜 세월 '머나먼 현장'에서 사랑의 섬김을 하면서 익힌 교훈들을 일러주었다. 나는 그들과 함께한 시간을 소중히 간직하고 있다. 또 들어주는 귀와 열린 마음을 필요로 하는 이들과 만나면 나도 그들의 모범이 되려고 노력한다.

성경에서 예수는 우리가 서로를 보살펴야 된다고 아주 분명히 밝힌다. 선한 사마리아인의 비유에는 한 걸음 더 나아간 예수의 메시지가 담겨 있다. 친구와 친척뿐 아니라 남도 보살펴야 된다. 더 충격적인 것은, 사랑하는 이들뿐 아니라 원수도 사랑해야 된다는 사실이다.

우리 모두 이 메시지를 진지하게 받아들인다면 세상이 얼마나 달라질지 상상해보기를! 상처를 싸매주고, 삶에 안정감을 주고, 시작하게 도와줄 사마리아인을 기다리는 지미가 얼마나 많은가?

· · ·

당신의 삶에서 안정감을 유지하고 사명감을 충실히 지키게 도와주는 것은 무엇인가?

산다는 것은 갈등과 흔들림의 연속이다. 때문에 많은 사람은 중심을 잡을 수 있게 누군가가 도와주기를 바란다. 인생의 중요한 결정을 내릴 때 내면의 소리에 귀를 기울이는 것도 좋지만, 가끔은 조언을 구할 수 있는 멘토에게 의지해보자. 고민하면서 비슷한 생각들 사이를 맴돌고 있을 때, 새로운 지혜로 생각지도 못한 길을 제시해주기도 하기 때문이다.

도움을 얻었다면 내가 받은 도움을 다른 이들에게도 전해주는 것도 잊지 말자.

사바나개코원숭이
너그러움

사바나개코원숭이는 유인원 중 가장 머리가 뛰어나고 사교적이다. 또 도움을 주는 데 가장 후하고 너그러운 종이기도 하다. 영역 없이 여덟에서 200마리까지 대규모로 무리를 지어 산다. 암컷들은 평생 자매와 그들의 새끼들과 같이 사는 반면, 수컷들은 들락날락하면서 그들을 보호하고 자기 새끼든 아니든 양육을 거든다.

암컷, 수컷 무리에는 각각 명확한 위계가 있는 반면, 누가 아프거나 위험에 처하면 구하러 간다. 사자들도 이 합동 방어막을 뚫지 못한다. 먹이와 지배권 다툼이 있지만, 원숭이들 사이에 질투심은 거의 없다. 암컷들은 지배권을 가진 수컷과 복종하는 수컷을 가리지 않고 짝짓기를 허락한다. 수컷들은 곤경에 처한 일원을 돕는다. 암컷은 좋아하는 수컷이 따로 있어서, 그들과 함께 지내면서 사귀고 짝짓기를 한다. 그러면서도 다른 수컷들을 무시하지 않는다. 암컷이 좋아하는 수컷들은 새끼의 대부가 되어서, 안아주고 데리고 다니고 몸단장을 해주고 먹이를 나눠준다. 또 대부들은 새끼들을 지켜주고, 아래 서열의 암컷들과 새끼들에게도 먹이와 보살핌과 관심을 나눠준다. 그런 도움과 너그러움 덕분에 사바나 원숭이들은 지리적으로 가장 넓게 분포하는 아프리카 영장류가 되었다.

베푼 만큼 돌아온다

나는 짐바브웨와 모잠비크의 이웃들에게서 이 동물들과 똑같은 특징을 보았다. 로디지아에서 독립 투쟁을 하던 시기에, 많은 주민이 이웃한 모잠비크로 피난했다. 모잠비크의 깊은 숲에 있는 난민 캠프에는 음식이 부족했지만, 여인 몇 사람은 내게 사탕수수나 사탕 같은 특별한 것을 주곤 했다. 나중에 그들은 캠프의 부실한 식사 때문에 내가 병들까 겁났다고 말했다. 그래서 내가 건강을 유지하도록, 마실 물을 끓이는 등 할 수 있는 모든 일을 했다.

다른 수녀님과 타파라에 살 때 이웃들은 보호막이 되어서, 내 집에 도둑이 들지 않게 지켜주었다. 이사하고 얼마 안 되어 우리 차가 없어지자, 이웃 청년이 도둑을 찾아내서 차를 돌려받게 해주었다. 우리가 차를 되찾은 일은 그 고장의 전설이 되었다. 도둑맞은 물건은 다시는 볼 수 없는 곳

이었으니까!

예수는 성경을 통해서 관대함과 도움을 칭송한다. 그는 과부의 은전과 잃어버린 동전에 대해 말한다. 예수는 문밖에 찾아온 거지를 돕지 않는 부자를 꾸짖고, 강도당하고 맞은 채 길에 버려진 사람을 돕기 위해 가던 길을 멈춘 사마리아인을 칭찬한다.

예수의 삶 속에는 타인의 요구에 너그럽게 응한 예가 많았다. 그는 설교를 들으러 모인 군중에게 말한다.

"이 많은 사람들이 벌써 사흘 동안이나 나와 함께 지내면서 아무것도 먹지 못하였으니 참 보기에 안 되었구나. 가다가 길에서 쓰러질지도 모르니 그들을 굶겨 보내서야 되겠느냐?" (마태복음 15:32)

예수는 도움을 청하는 병들고 근심하는 이들을 치유하고, 제자들에게도 똑같이 하라고 이른다. 선한 목자 이야기는, 가장 연약하고 궁핍한 이들을 너그럽게 대하라는 가르침이다.

"나는 착한 목자이다. 착한 목자는 자기 양을 위하여 목숨을 바친다."(요한복음 10:11)

가까운 이웃을 넘어선 곳에서도 너그러움이 요구된다. 세계화된 세상에서 빈부 격차가 계속 커지고 있다. 동남아의 쓰나미와 아프리카 대륙에 계속되는 가뭄 등 지구의 재난에 대해 고무적인 반응을 보이는 이들이 있다. 오프라 윈프리, 스티븐 루이스, 지미 카터, 빌과 멜린다 게이츠 부부

같은 부유한 저명인사들이 재원을 동원해 가난과 질병과 싸운다. 교육의 기회를 제공하며, 아프리카에서 여성과 어린이의 인권을 증진시킨다. 모든 행동이 변화를 일으킨다.

종교 단체와 비영리법인들이 일할 수 있게 도와주는 관대한 기부자와 스폰서들이 있다. 나는 친지들의 도움으로 짐바브웨 소녀들을 위한 장학 기금을 설립했다. 덕분에 많은 젊은 여성들이 교육을 받을 수 있었다. 마사도 장학금 수혜자였다. 그녀는 자신을 첩으로 삼으려는 폭력적인 숙부에게서 달아난 젊은 여성이었다. 마사는 장학금으로 재봉 수업을 받았고, 졸업할 때는 재봉틀을 얻었다. 지금은 결혼해서 아들을 둔 그녀는 옷을 만들어서 생활비에 보탠다.

아버지는 나에게 무엇을 내주던 풍성한 보답을 받는다고 말하곤 했다. 과연 그 말이 옳았다! 너그럽게 베풀고 보답 받지 않은 적이 없다. 예수의 가르침 하나가 떠오른다.

"너희가 여기 있는 형제 중에 가장 보잘 것 없는 사람 하나에게 해 준 것이 바로 나에게 해 준 것이다."(마태복음 25:40)

. . .

　'난 어떤 도움도 받은 적이 없다'고 하는 사람들조차 과거를 되돌아보면 여러 사람에게 작은 도움이나마 받았음을 떠올릴 수 있다.
　대가 없는 호의를 받았을 때 당신 역시 도움이 필요한 누군가에게 호의를 베풀겠다고 다짐해야 한다. 세상을 따뜻하게 만드는 일은 거창한 데 있지 않다.
　관심을 끄는 대상을 찾고 어떻게 도울 수 있는지 알아보자. 작은 도움들을 서로 주고받고 관대한 마음을 갖는 것만으로도 보다 행복한 세상을 만들 수 있다.

점박이하이에나
웃음

아프리카 숲의 밤은 눈부시게 빛나는 별들 아래 펼쳐지는 소리의 향연이다. 쏙독새가 세레나데를 부르면 올빼미들이 부엉부엉 화음을 넣는다. 운이 좋으면 사냥하는 사자의 포효나 웅덩이에 뛰어드는 수컷 코끼리의 나팔 소리를 들을 수도 있다. 종종 저녁 먹잇감을 찾는 하이에나의 깔깔대는 웃음소리도 듣게 될 것이다.

개처럼 육식동물인 하이에나는 사향고양이를 비롯해 몽구스와 친척 간이다. 하이에나의 몸은 혹독한 아프리카 평원에서 생존할 수 있도록 진화하고 있다. 어깨와 앞다리가 엉덩이보다 높아서, 기어서 좁은 터널 속으로 빠듯하게 들어갈 수 있다. 달릴 때는 뒷발을 옆으로 뻗어서 기운을 모으고 시속 10km 정도로 지칠 줄 모르고 뛸 수 있다. 이빨과 턱이 강해서 뼈, 발굽, 가죽, 이

빨을 씹을 수 있는 덕에 사바나의 쓰레기처리반이 되었다.

하이에나는 '청소 동물'로 악명 높지만, 다른 육식동물들이 남긴 것을 먹어치울 뿐 아니라 먹잇감을 사냥하기도 한다. 하이에나가 동물 시체를 다 먹어치우지 않는다면 사바나는 쉽게 오염될 것이다.

'웃는 하이에나'는 흥분했다는 신호로, 다른 동물들에게 와서 잔치를 즐기자고 청하거나 반대로 위험을 경고하는 의미다. 점박이하이에나는 육식동물 중 가장 다양한 소리를 구사해서, 신음, 환호, 툴툴대는 소리, 으르렁거리는 소리, 키득대는 웃음을 포함해 11가지 다른 소리를 낸다.

삶을 긍정하고 기쁨의 가치 받아들이기

 어머니는 내게 "웃음이 최고의 명약"이라고 말하곤 했다. 이 금언은 사실이었다. 한바탕 웃고 나면 정신과 육체의 건강이 증진된다.

 탄자니아의 빅토리아 호숫가에 있는 시골 교육 센터에서 찰리 채플린 영화를 본 기억이 난다. 관객이었던 농부와 어부들은 대부분 문맹이었다. 그들은 영화가 상영되는 내내 배를 잡고 웃었다. 채플린의 판토마임이 아프리카 관객들에게도 풍부한 이야기를 들려주었다.

 웃음은 아프리카 대륙에서 아주 흔하다. 힘들고 어려운 시기인데도 웃는다. 예를 들면 모잠비크의 난민 캠프에서는 매주 문화 축제가 열려서, 젊은이들이 재주를 뽐냈다. 독립 전쟁 중인데도 시, 연극, 노래, 춤이 하루 동안 캠프를 즐겁게 했다. 덕분에 배고픔과 주변 숲에 도사린 야생동물이나 폭격의 위험들을 잊을 수 있었다.

나는 이런 축제가 '사기를 북돋우는' 방법이라는 설명을 들었다. 수천 명의 난민 어린이들과 선생님들이 몇 시간 동안 웃고 긴장을 푸는 데 도움이 됐다. 덕분에 다가올 한 주일을 버틸 수 있었다.

성경에서는 예수와 사도들의 생활에도 그런 즐거운 한때가 있었다고 말한다. 혼인 잔치, 친구들과의 식사, 어린아이들과의 놀이, 물가에서 생선 굽기. 원수들은 예수가 삶을 더 진지하게 보지 않는다고 힐난했다. 예수는 그들에게 '신랑'이 같이 있을 때 축하하라고 충고했다. 아프리카의 예배는 이처럼 진정한 축하 행사여서 노래와 춤과 즐거운 웃음이 함께한다.

· · ·

    기쁨을 만끽해야 하는 순간에도 기뻐하지 못하는 사람들이 많다. 자잘한 고민들을 머릿속에서 지워내지 못하기 때문이다.

    기뻐해야 할 때는 한껏 기뻐하자. 자신이 어디서 기쁨을 얻는지 생각하고 적어도 하루에 한 번은 웃을 거리를 만들어서 웃자. 재미, 기쁨은 우리 삶을 더 풍요롭게 만드는 중요한 요소 중 하나이다.

    그리고 당신뿐만 아니라 다른 사람도 함께 웃을 수 있는 기쁜 일을 떠올려보자. 함께 웃고 즐기는 순간들이 일상의 작은 활력이 되어줄 것이다.

아카시아
고요함

아프리카 평원을 가장 독특하게 하는 것은 아카시아나무다. 우산 모양의 나뭇가지가 아래까지 펼쳐져서, 수많은 크고 작은 동물들이 한낮의 뙤약볕을 피하게 해준다. 얼룩말과 누(남아프리카산 암소 비슷한 영양 - 옮긴이)가 임팔라, 얼룩영양, 일런드영양 옆에 모여 있다.

코끼리 떼는 조각상처럼 가만히 서서 파리를 쫓으려고 귀만 펄럭인다. 반면 기린은 머리 위의 나뭇잎을 뜯어 먹는다. 가끔 놀이 시간과 낮잠 시간이 겹쳐서, 큰고양이과 동물들이 그늘에서 쉬는 사이 새끼들은 근처 풀밭에서 뒹군다. 아프리카의 평화로움이 주는 조용한 선물이다.

삶이 정지한 순간은 고요하고 장엄한다. 다시 생존을 위한 싸움을 시작하기 전에 그들은 그렇게 숨을 고른다.

　아카시아나무는 적도 남쪽의 사바나 지역에서 많이 자라며, 아프리카 풍경의 40%를 뒤덮는다. 물이 별로 필요하지 않아서 긴 건기에도 살아남아 동물들에게 먹이와 그늘을 제공해준다.

영혼의 생기를 돋우는 잠깐의 고요

아프리카의 야생 동물에게 먹이와 물을 찾는 일은 끝이 없지만, 오후 나절의 낮잠은 자연계의 리듬을 잘 보여준다. 자연은 잠시 멈추고 회복할 필요성을 아는 듯하다. 그런 후에 강하고 유연하고 적응력 좋은 것들만 살아남는 가혹한 환경에서 생사를 건 혈투를 계속하게 한다.

미국 국토의 세 배쯤 되는 이 넓은 대륙에 사는 수많은 부족 역시 자연의 리듬을 존중한다. 그들 역시 끝없는 생존 싸움을 벌인다. 아프리카는 천연자원이 풍부하지만, 부(富)가 시골 사람들에게까지 분배되지 않는다. 지도층이 외국 회사들과 연대해서 석유, 금, 다이아몬드, 에메랄드, 코발트, 크롬, 구리 등 이곳을 에덴동산으로 만드는 수많은 광물과 보석을 가로챈다.

노동자들은 무더위 속에서 장시간 일한 후, 정오의 햇볕

속에서 낮잠을 잔다. 나무 밑이나 벽과 건물의 그림자 속에 누워, 차량과 보행자들은 아랑곳하지 않고 잠시 단잠에 취한다. 그런 다음 일터로 돌아간다. 여자들도 끝없이 나무와 물을 나르다가, 집의 벽에 기대서 소중한 몇 시간을 쉰 후 집안일을 다시 시작한다. 기독교인이든 비기독교인이든 시간을 내서 매일 삶, 가족, 음식, 친구라는 선물을 준 창조주

에게 감사드린다.

정신없는 현대의 삶 속에서 달라이 라마나 토머스 머튼(가톨릭 교회의 손꼽히는 영성 작가-옮긴이)의 고요함을 갈구하는 이가 많다. 매일 해야 되는 일들 속에서도 시간을 내서 마음을 치유하고 싶다. 우리를 긴장하고 지치게 하는 내면의 소음을 잠재우고 싶다. 숨 막힐 듯할 때 멈추고 가만히 있는 것을 자연의 리듬에서 배울 수 있을까? 시끄럽고 번잡한 식당이 아닌 나무 밑에서 점심 식사를 할 수 있을까? 산책하거나 홀로 앉아서 눈과 머리를 쉴 수 있을까? 책이나 신문을 읽는 대신 새소리를 듣고 다람쥐가 노는 것을 볼 수 있을까? 아침이든 저녁이든 시간을 내서, 매일의 선물을 주신 창조자에게 감사 인사를 할 수 있을까? 매일 이리저리 뛰어다니는 대신 그냥 시간을 좀 낼 수 있을까?

선교사의 생활은 대단히 활동적이다. 하지만 메리놀 수녀회의 설립자인 메리 조지프 수녀님은 활동 중에도 묵상해야 된다고 주장했다.

"우리는 가장 능동적이고 노력하는 종교 활동을 한다. 사도의 생활이다. 우리가 접해야 되는 모든 일을 하기에 시간이 부족하지 않은 날이 없다."

예수는 치유하고 설교하고, 하느님 나라에 대해 가르치는 활동적인 생활을 했다. 그러면서도 시간을 내서 쉬고 또 기도했다. 그는 삶의 자연스런 리듬을 이해했고, 꽃, 새, 밀, 씨앗, 양, 진주, 물고기, 햇빛, 비 같은 자연의 이미지를 이용해서 그의 사명을 설명했다. 바람과 바다는 그에게 복종했다. 아이들은 그의 발치에서 놀았다. 예수는 친구들과 식사를 하며 쉬었고, 부자나 빈자나 똑같이 찾아다녔다. 나라와 시대를 초월해서 화가들은 다양한 모습, 옷차림, 문화적 배경의 예수를 묘사한다. 그러나 모든 그림에 공통적으로, 지금까지도 온 세상의 제자들을 이끄는 내적인 불꽃과 외적인 고요함이 드러난다. 우리 또한 활동 중 묵상의 결실을 경험하기를.

. . .

삶의 무게와 그로 인한 압박감을 느낄 때가 있다.

이럴 때는 영적으로 충만한 사람들의 책을 읽고, 기도를 하고, 반려동물과 함께 시간을 보내자. 하루의 휴식 같은 시간을 보내고 나면, 마음이 한결 가벼워짐을 느낄 수 있기 때문이다.

매일 생각과 그날 느낀 점을 기록한다면 더 좋다. 명상하는 것과 마찬가지로 자신만의 조용한 시간을 가질 수 있으며 동시에 나를 돌아보는 소중한 경험이 쌓일 것이다.

긴꼬리원숭이
우정

긴꼬리원숭이는 아프리카 사바나에서 가장 흔한 작은 원숭이다. 에티오피아에서 케이프타운에 이르는 지역에서, 한 가족이 50마리에 육박하는 이 에너지 덩어리들은 한데 뒹굴고 뛰고 기어오르고 달린다. 호기심과 장난기가 많아서, 도로 옆에 앉아 있거나 나뭇가지 사이에서 그네를 타는 긴꼬리원숭이를 쉽게 볼 수 있다. 어미가 새끼를 가슴에 꼭 안거나 목말을 태운 모습이야말로 가장 사랑스러운 광경이다. 하지만 어미만 어린 새끼들을 보살피는 것이 아니다. 가족 모두 질세라 새끼를 단장해주고, 안고 데리고 다니며 놀아준다.

새끼들에게는 생후 몇 주일 만에 놀이 친구와 보모들이 생긴다. 다른 가족의 새끼들뿐 아니라 손위 형제들과도 같이 논다. 생후 4개월 무렵 엄마 젖을 떼고 6개월 때는 먹이를 알아서 챙긴다.

긴꼬리원숭이는 동년배와 친구들에 둘러싸여 지내기에 무척 사교적이며, 다양한 몸짓과 소리로 의사소통을 한다. 연구자들은 긴꼬리원숭이가 상호 의사소통에 최소 60가지 몸짓과 36가지 소리를 이용한다는 것을 밝혀냈다. 긴꼬리원숭이는 혼자 있는 경우가 드물다. 이런 강력한 사회망은 긴꼬리원숭이들이 생존하고 번성하는 데 도움이 된다.

'더불어 함께'의 힘

 식량과 연료가 부족한 짐바브웨의 상황에서 나는 강력한 사회망의 특혜를 새삼 알게 되었다. 생필품을 어디서 구해야 되는지 알려주는 친구들이 없다면 버틸 수 없는 상황이었다. 부족함 속에서 모두 서로를 생각하고 서로 돕기 시작했다. 빵, 우유, 계란은 귀한 음식이어서 함께 나누어야 했다. 친구들 역시 절망과 실의에 빠지는 대신 미쳐 돌아가는 상황을 웃어넘기도록 서로 격려했다.

 헨리 나우웬(미국인 가톨릭 사제이자 작가. 기독교인들에게 울림을 주는 책을 많이 저술했다-옮긴이)은 이렇게 썼다.

 "세상에서 함께 살아야 된다는 것은 육체적, 심지어 정신적으로도 고통이 따른다. 하지만 인간 가족에게서 소외되었다고 느끼면 곧 실의에 빠진다."

 하지만 우리는 친구를 중요하게 여기지 않거나 그 존재

를 당연시한다. 때로 어떤 도움도 필요치 않으며 혼자 할 수 있다는 듯 처신한다. 타인에게 너무 의존하면 자신이 약하고 무능하다고 느낄 수도 있다. 심지어 개인주의를 이상적으로 생각하기도 하고, 자기 삶에 타인이 필요치 않은 것을 자랑으로 삼기도 한다.

대가족 사회인 아프리카는 그렇지 않다. 삼촌들은 모두 '아버지'로 불리고 대리 부모 역할을 한다. 사촌들은 친형제처럼 가깝다. 늘 가까운 친인척과 친구들의 사랑과 보살핌 속에서 살아간다.

나 또한 그런 집안에서 성장했다. 사촌이 수십 명이었고 친했다. 수천 킬로미터를 떨어져 살면서도 나는 계속 친척들, 어릴 적 친구들과 연락하려 애썼다. 이 관계 덕에 힘든 시기를 견뎌내고, 좋은 시기는 더 좋아지는 것 같다.

예수에게도 가까운 친구들이 있었다. 그는 동역자로 12명을 선택했을 뿐만 아니라, 친구들과 추종자는 더 많았다. 마르타와 마리아의 일화는 자매간의 갈등을 설명하는 데 자주 이용된다. 마르타가 식사 준비에 바쁜데도 마리아는 사람들과 함께 예수와의 대화에 몰두해서 갈등이 빚어진다는 내용이다. 하지만 예수가 사역하던 중 짬을 내서 친구들과 식사를 즐겼다는 점에 초점을 맞추어 생각하면, 우리도 그런 모습을 본받아야겠다고 생각하게 된다.

예수는 수난과 죽음을 맞이하기 직전의 일이다. 최후의 만찬을 미리 하게 되자 마리아는 향유로 예수의 발을 씻기고 머리칼로 닦아준다. 가롯 유다는 이 사랑 넘치고 아낌없이 베푸는 행위를 비난한다. 가롯 유다는 "이 향유를 팔아 그 돈을 가난한 이들에게 줄 수도 있었다"고 비판한다. 하지만 예수는 그를 꾸짖는다.

한 친구는 네덜란드에서 암으로 죽어가면서 그런 사랑 넘치는 베풂을 실천했다. 그녀는 짐바브웨에서 여러 해 일하다가, 종교 공동체의 간부로 선출되었다. 그런데 암이 퍼져서 치료가 불가능하다는 것을 알자, 짐바브웨로 돌아와 마지막으로 친구들을 만나기로 결정했다. 우리는 그녀의 집이었던 아름다운 시골에서 작별 인사를 나누었다. 그녀는 엄청난 통증에 시달렸지만, 모두에게 웃음과 기쁨을 선사했다. 함께하는 시간이라는 가장 큰 선물이었다.

여러 방식으로 의사소통하는 긴꼬리원숭이처럼, 우리도 소중한 이들에게 마음을 표현하는 법을 배울 수 있다.

· · ·

    눈앞의 일에 집중하다보면 가까운 사람들에게 소홀하기 십상이다.

    마음을 보이는 일은 반드시 특별한 선물이나 행동으로만 가능한 것이 아니다. 문득 생각났을 때 보내는 연락이나 사소한 배려는 예기치 못한 기쁨을 준다. 이런 작은 기쁨들이 쌓여 서로 소원해진 사이가 다시 회복되기도 하며, 가까이 있는 사람과는 더 돈독해지기도 한다.

    당신 주변에 있는 사람이 정말 소중하다면, 그가 얼마나 의미 있는 사람인지 알려주는 것을 잊어서는 안 된다.

흑멧돼지
지혜로움

케냐 민담에 의하면, 흑멧돼지는 긴 상아 엄니를, 코끼리는 아주 작고 휘어진 엄니를 갖고 태어났다. 코끼리는 흑멧돼지가 부러운 나머지 속여서 엄니를 바꾸게 했다. 엄니를 교환한 후 흑멧돼지는 웃으면서, 코끼리에게 늘 두려움과 위험 속에서 살 거라고 말했다. 코끼리는 상아 때문에 사냥을 당할 테지만, 못생긴 자기는 평화롭게 살 수 있을 거라면서.

신이 주신 대로, 신에게 받은 것으로 자족해야 된다는 것을 일깨워주는 우화로, 질투와 시샘에 대한 교훈을 준다. 엄니를 가진 돼지인 흑멧돼지는, 대단히 매력적이거나 눈길을 사로잡는 동물은 아니지만 아프리카의 생존자다. 아프리카 사바나 전역에 살면서, 뿌리와 덩이줄기뿐 아니라 풀을 먹고도 생존할 수 있다. 삽처럼 생긴 주둥이로 흙을 파서 맛 좋은 구근이며 영양가 높은 뿌리 줄기를 찾아낸다. 턱이 쫙 벌어져서 풀과 과일을 씹을 수도 있다.

암컷은 생후 18~19개월이면 새끼를 밸 수 있고, 5개월 반의 임신 기간 후 한 번에 2~5마리를 낳는다. 새끼는 생후 6주간은 굴속에 남아 있다가 그 후에는 정해진 순서로 줄지어서 어미를 쫓아다닌다. 흑멧돼지들이 한 줄로 걸어가는 모습은 아프리카 전역에서 흔히 볼 수 있는 재미난 광경이다.

멧돼지 고기를 좋아하는 인간을 포함한 포식자들이 있지만 멧돼지는 그들을 피해 생존할 수 있을 만큼 영리하다. 흑멧돼지가 눈을 끄는 것은 외모나 행동이 아니라, 부족한 상황에서 수완을 발휘해 살아남는 법을 아는 점이다. 스스로 굴을 파기도 하지만, 땅돼지들이 팠다가 버리고 간 굴을 사용하기도 한다.

부족함을 인정하는 현명함

나는 모잠비크의 숲 깊이 자리한 짐바브웨 난민 캠프에서 그런 생존의 수완이 발휘되는 광경을 목격했다. 수천 명의 난민은 옷가지와 담요, 냄비, 이동 중 먹을 식량 등 옮길 수 있는 만큼만 머리에 이고 왔다. 또 목적지에 도착하면 각자 알아서 살아야 된다는 것을 깨닫고는 작물을 심고 변소를 파고, 인근의 대나무와 풀로 집을 지었다. 대나무로 책상과 걸상을 만들어 나무 밑에서 수업을 했다. 막대기를 연필 삼아 흙바닥에 글씨를 쓰며 공부했다. 빈 깡통에는 파라핀을 채워서 램프로 썼고, 곡식이 담겨 있던 삼베 부대는 벽에 넣어 단열재로 사용했다. 음식을 만들고 남은 재는 변소를 청소하는 데 썼다.

너무나 궁핍하고 부족한 게 많은 대륙에서 살다보면, 모든 게 소중하고 재사용될 수 있다는 것을 배운다. 빈 병은

약품을 담도록 병원에 주고, 신문은 화장지로 쓰인다. 자투리 천과 낡은 옷가지는 이불과 베개로 만들 수 있다. 심지가 탄 양초는 녹여서 새 양초를 만든다.

하지만 전쟁이나 빈곤이 아니어도 그런 수완을 발휘해야 한다. 산업화된 북반구의 소비 사회들은 오래 지속될 수 없다. 세계의 천연자원은 한정적이며, 보충되지 않으면 고갈될 수밖에 없다. 미국과 유럽 인구는 세계 인구의 20%에

불과하지만 세계 자원의 80%를 소비한다. 소비를 줄이는 법을 배우지 않는다면 지구는 죽고 말 것이다.

흑멧돼지에게 적게나마 가진 것을 최고로 잘 쓰는 법을 배울 수 있을까? 더 많이 가진 이들을 시샘하지 말고 말이다. 흑멧돼지는 안전하게 사바나를 활보하지만 상아를 가진 코끼리는 항상 위험한 처지라는 것을 기억하기를!

. . .

잡지나 신문에 실린 광고에는 유용하고 좋아 보이는 물건들이 많이 실린다. 어떨 때는 당장 필요하지도 않은데, 덥석 사버리기도 한다.

많이 가질수록 지금보다 더 많은 것을 가지지 못해 부족함을 느끼고, 적게 가질수록 진짜 필요한 것은 손에 꼽는다는 사실을 느낀다.

형편이 허락하지 않아서든 소박하게 살려고 애쓰기 때문이든, 원하는 것 없이 지내본 적이 있는 사람이라면, 더 적게 가졌을 때만 알 수 있는 내려놓음의 평온을 알 수 있을 것이다.

아직 이런 경험이 없다면, 매주 한 끼를 거르고 그 돈을 자선단체에 보내는 데서부터 시작해보자.

산까치
갈등에 대처하기

산까치는 아주 가는 가지 끝에 둥지를 짓는다. 이 아름다운 집은 바람이 불 때마다 흔들리고, 가지가 무게를 못 견딜 것처럼 보이기도 한다. 둥지 입구가 아래쪽이어서 새들은 밑에서 날아서 들어가야 한다. 부모 새가 입구 근처에서 날개를 퍼덕이며 새끼들에게 먹이를 주는 광경을 볼 수 있다.

이 대담하고 독창적인 건축술은 대단히 실용적인 목적에서 비롯되었다. 둥지를 그렇게 짓는 것은 뱀과 원숭이가 둥지에 들어와 알을 먹는 것을 막기 위함이다. 이 포식자들이 군침 도는 둥지에 접근하려고 가는 가지에 매달렸다가 떨어질 수도 있다. 산까치는 적을 공격하지 않고 꾀로 이긴다.

평화로운 관계를 가꾸는 첫걸음

하라레의 리더십 훈련 센터 '실베이라 하우스'에는 평화 조성 프로그램이 있다. 거기서는 갈등이나 차이에 대해 흔히 싸움, 도망, 흘려보냄으로 대처한다고 한다. 싸움은 우리가 상처 입으면 반격을 가하는 공격적인 행동이다. 반면 도망은 달아나거나 무시함으로써 갈등을 회피하는 행동이다. 남에게 들키는 것을 피하려고 머리를 숙이는 타조가 여기에 속한다. 센터에서는 참가자들에게 '흘려보냄'을 택하도록 격려한다. 이것은 갈등을 일상생활의 일부로 받아들이고, 공격적인 반응이나 회피보다는 거기서 배우는 쪽을 택한다는 의미다. 우리는 갈등을 막고 불필요한 위험을 피하는 산까치처럼 창의적이 되라고 격려한다.

나는 짐바브웨 인권 단체의 이사로도 일했다. 폭력 피해자들을 상담하고 의학적인 치료를 해주는 단체였다. 국영

언론매체가 이 단체를 공격하면서 이사들과 직원들은 체포 위협을 받기도 했다. 우리는 이 습관적인 괴롭힘을 결국 관료들과의 대화로 풀기로 했다. 법적 조치를 취하거나, 겁을 먹고 스스로 단체를 폐쇄하는 일은 하지 않기로 했다.

우리는 두려움을 이기고 공격자들에게 다가갔다. 마침내

맞대면했을 때, 우리는 우리가 하려는 일의 명분을 설명할 수 있었고 정부 관료들은 염려를 표현할 기회를 얻었다. 그들은 여전히 우리 일을 달가워하지 않았지만, 전면 공격을 중단했다. 우리 스태프들은 계속 평화와 안전과 관련해 폭력 희생자들을 도울 수 있었다. 양측 모두 상대에게서 '적'이란 딱지를 뗄 수 있었다. 이제는 당당하게 양자의 차이를 밝힐 수 있고, 오해가 있을 때는 해명할 방법을 모색한다.

예수가 로마의 통치자들을 지혜로 이긴 일화가 기억난다. 로마 지배자들은 예수가 로마 황제의 라이벌임을 자인하도록 덫을 놓을 사람을 보냈다. 예수는 질문에 대답하지도 않고 상대를 공격하지도 않았다. 오히려 황제의 권위를 인정하는 반면 그의 권력에 한계를 긋는 것으로 그들을 이겼다.

"카이사르의 것은 카이사르에게 돌리고 하느님의 것은 하느님께 돌려라."(마태복음 22:21)

전쟁을 반대하는 사람들, 내부 고발자들, 불공정한 법을 의심하는 이들은 모두 독창적인 갈등 해결의 장본인들이다. 우리가 늘 이기지는 못할 것이다. 그러나 승패가 아니라, 의견불일치 속에서 관계를 유지하거나 회복시키는 노력이 중요하다.

자신과 반대 의견을 내는 사람이 있을 때, 단지 의견이라는 것을 알면서도 적으로 여기는 순간이 생긴다.

대화의 목적은 상대방과 나 사이에 있는 벽을 점점 낮춰가려는 것이다. 공통의 관심사나 욕구를 찾아보고 공통되는 것이 없다면 조금씩 양보하고 그 사람의 입장에서 이야기를 들어 이해의 폭을 넓혀가야 한다. 그렇지 않으면 나쁜 감정이 계속 쌓여갈 것이다.

평화적인 수단으로 변화를 일으키는 데는 짧지 않은 시간이 걸린다. 그러나 주변 사람과 생각을 공유하고 노력한다면 작은 변화가 큰 변화로 바뀌는 것을 경험할 것이다.

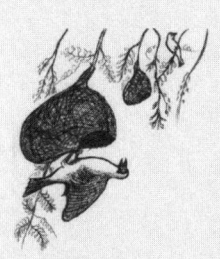

검은꼬리누
협력

검은꼬리누는 학명으로 '유제류(有蹄類)'라 칭하는, 즉 발굽이 있는 포유동물 중 가장 붙임성 있는 동물이다. 덩치가 크고 수염이 나고, 회색이나 갈색이 도는 짧은 털을 가진 검은꼬리누는 우아하지도 아름답지도 않다. 등에 혹이 있고 소 같은 짧은 뿔을 가진 이 동물은 매우 굼떠서, 사자와 하이에나의 먹잇감이 되기 십상이다. 그러나 누는 자신의 모자라는 외형을 사교성과 집단 보호 전략으로 멋지게 극복해낸다.

검은꼬리누는 탄자니아의 세렝게티 평원을 가로지르는 연례 이동으로도 유명하다. 약 100만 마리가 더 푸른 초지로 이동한다. 위험한 여행 중 수천 마리가 가파른 절벽을 뛰어넘고, 홍수가 난 강물을 헤엄쳐가기도 한다. 또 악어와 대규모 '잔칫상'을 노리는 다른 포식자들을 피해야 한다. 이동은 우연히 짝짓기 시기와 일치해서, 3주간 수컷 25만 마리가 암컷 75만 마리를 두고 다툰다.

검은꼬리누는 풀을 찾아 지속적으로 이동하며, 매일 초지의 3분의 1을 먹어치운다. 누 떼는 숨을 곳이 없는 트인 평원에서 풀을 뜯는다. 누들은 새끼들이 생존할 수 있게 독특한 해결책을 만들어냈다. 풀이 풍성한 우기가 시작될 무렵, 무리 전체가 같은 시기에 새끼를 낳는 것이다.

새끼들은 어미에게 달라붙어 지내며, 함께 이동하는 무리 전체의 보호를 받는다. 한꺼번에 출산하는 것의 장점은, 포식자들에게 먹잇감이 과잉 공급되어 잡힐 확률이 줄고, 어미들과 갓난 새끼들을 한데 모아 보호할 수 있다는 점이다. 포식자들에게 새끼가 많이 잡히지만, 상호 보호 방식 덕분에 적어도 절반은 생존한다.

하나 되어 가는 기쁨

 이런 협동은 다른 동물사회나 인간 사회에서는 드문 일이다. 그런 일이 벌어진다면 기적이다. 2006년 메리놀 수녀회는 창립자의 선종 50주기를 맞이했다. 우리는 그녀의 공

로를 기념하는 몇 가지 독특한 행사를 열기로 했다. 1년간 계획한 행사들을 위해 끝없이 준비해야 했고, 전체 수녀회와 뉴욕 주 오시닝 소재 센터 전원의 협력이 필요했다.

이런 저런 청탁을 거부한 사람은 한 명도 없었다. 일부는 센터가 빛이 나도록 쓸고 닦았다. 요리를 하고 빵을 구워서 300명이 넘는 손님들에게 맛 좋은 점심을 대접했고, 언론 홍보 자료를 작성하고 기자들을 안내했다. 기적적인 조화와 협력이 이루어졌다. 메리 수녀님의 영이 우리를 한데 모아, 공동의 선을 위해 개인을 희생하게 이끈다는 것이 느껴졌다.

그런 연대와 협력은 우리가 아는 세상과는 정반대의 현상이다. 세상에서는 전쟁, 가난, 불평등이 적을 만들고, 협력 대신 경쟁이 판친다. 하지만 예수는 하느님이 다스리시는 비전을 우리에게 남겨주었다. 거기서는 사자와 양이 나란히 누워 있고, 부자와 가난한 자가 풍성한 잔치를 함께 즐긴다.

이것을 유토피아적이고 비현실적으로 치부하는 이들도 있다. 하지만 예수의 제자들은, 이 메시지를 진지하게 받아들여 지금 이곳에서 현실로 만들려고 노력한다. 어떤 이는 비폭력적인 변화를 이루는 데 인생을 바치고, 또 어떤 이는 지구를 구하기 위해, 병자를 치료하기 위해, 약자들의 권리 보호를 위해 일한다. 변화를 위해 일하는 모든 이들이 검은꼬리누처럼 협력할 수 있다면, 우리는 세상을 더 나은 곳으로 만들 수 있다!

• • •

여럿이 모여 한 가지 일을 하다 보면, 갈등이 생기게 마련이다. 다같이 한 가지 목표를 이루려고 해도 제각기 생각이 다르고 사람마다 성격의 차이가 있으므로 일어나는 자연스러운 갈등이다. 그래서 어떤 일은 실패하기도 한다.

협력하는 법은 혼자서 익힐 수 없다. 당신이 사는 동네, 일터, 학교를 발전시키는 프로젝트에 참여하여 다같이 일한다는 것이 어떤 일인지 경험해보자.

일보다는 참가자들의 의사소통과 상호 교류가 중요함을 깨달을 수 있을 것이다.

얼룩말
개성

 얼룩말의 몸에 난 줄은 사람의 지문처럼 특이하고 저마다 다르다. 줄의 폭과 모양은 동종뿐 아니라 이종 얼룩말들과도 다르다. 같은 줄무늬를 가진 얼룩말은 없다!

 수컷은 점점 여러 암컷과 짝짓기를 하고, 암컷들 사이에는 짝짓기한 순서대로 서열이 생긴다. 무리가 초지나 웅덩이를 옮길 때는 이 서열을 따른다. 가족이 흩어지면 가장인 수컷이 찾으러 나가고, 나머지 무리는 속도를 조절해서 병들거나 장애를 입은 가족과 보조를 맞춘다. 얼룩말은 최고 연장자부터 갓 태어난 새끼까지 독특한 줄무늬로 가족을 알아본다.

차이, '나다움'의 다른 말

몇 년 전 마리아 델 레이 수녀가 메리놀 수녀회에 대해 책을 썼다. 책 제목은 『같은 것은 없다 No Two Alike』였다. 수녀회에 들어오기 전 저널리스트로 일했던 그녀는 이 책에서 각기 다른 배경과 성장 내력, 성격, 성직 활동 경력을 지닌 수녀 20인의 사연을 다룬다. 공동체 안에서 유지되는 풍부한 다양성과 자기다움의 중요성, 개성을 남을 섬기는 선물로 쓰는 양상이 책에 강조되어 있다.

현대 사회에서는 타인을 모방하는 게 트렌드다. 세계화가 전 세계에 같은 유행을 전파한다. 뉴욕, 모스크바, 도쿄의 젊은이들이 같은 브랜드의 청바지와 구두를 신고, 같은 음악을 듣고 같은 영화를 본다. 이런 단일 문화가 지역 언어, 전통, 문화의 독창성을 근절시킬 위협이 되고 있다.

인간의 언어와 문화는 동물 종들보다 빠른 속도로 사멸

된다. 426개의 언어가 거의 소멸되었고, 구사자가 한 명뿐인 언어는 52종이다. 세계적으로 6000종의 언어 중 인구의 55%가 15종의 언어를 사용한다. 언어학자들은 언어를 보호할 조치를 취하지 않으면 21세기 말까지 세계 언어의 50%가 소멸될 거라고 예상하기도 한다.

언어적 변화와 순응은 정상적인 과정이지만, 너무 많은 언어가 너무 급격히 인위적으로 소멸되는 것은 두려운 일이다. 문화는 언어에 각인되기에 이런 소멸은 문화적 정체성까지 지우게 된다. 이런 현실을 절감한 것은 짐바브웨의 통가 부족을 만났을 때였다. 잠베지 강 연안에 사는 통가 부족은 낚시와 사냥으로 연명하다가 1950년대 중반에 대규모 댐 건설 때문에 이주해야 했다. 강 양쪽 연안에 살던 통가 공동체는 둘로 나뉘었고, 짐바브웨 통가 부족은 강에서 멀리 떨어진 메마른 땅에 재정착했기에 먹거리가 부족했다.

그들에게 필요한 것을 파악하려고 찾아갔을 때, 나는 그들의 말을 듣고 놀랐다. 우리는 통가 부족이 식량, 일자리, 괜찮은 주거 시설의 부족이나 강과 멀리 떨어진 점을 불평할 거라고 예상했다. 하지만 그들은 하나같이 지역 학교에서 통가어를 가르치지 않는 점을 아쉬워했다.

"우리 아이들이 통가어를 하지 못해서 조상님들이 슬퍼하실 겁니다."

족장은 그렇게 말했다. 부족 장로들은 통가어로 꿈을 꾸고 기도하지만, 일상에서는 외국어를 써야 되는 고초를 토

로했다. 가난하고 배를 곯지만, 그들의 고민은 그게 아니었다. 그들은 먼저 부족으로서의 정체성에 대해 말했다.

통가 부족이 많이 사는 지역의 학교에서는 통가어를 가르쳐야 된다는 주장에 대해 정부 관리들은, 국가의 분열을 초래한다고 반대했다. 통가 부족은 그들다워지는 것을 막는 것이 이민족 간에 긴장과 분열을 초래한다고 답했다. 그들은 각 부족의 독특함을 진작시키면 조화와 단결을 이루게 될 거라고 관료들을 설득했다. 분열과 불화는 존중과 관용에서 생기는 게 아니라, 차별과 불평등에서 비롯된다는 그들의 주장이 받아들여졌다.

21세기에 곳곳에서 벌어진 무기를 든 갈등을 살펴보면, 따돌림과 무시, 집단의 통제를 받는다는 느낌에서 불화가 시작되는 것을 알 수 있다. 중동의 아랍인들과 유대인들, 북아일랜드의 구교도와 신교도, 르완다의 후투족과 투치족의 갈등에서, 거부당하거나 존중받지 못하는 감정이 어떤 결과를 초래하는지 알 수 있다.

정치가들은 선거에 문화적, 언어적 차이를 이용한다. 그들은 일단 권력을 잡으면, 국민에게 돌아갈 자원과 부를 독차지하고 추종자들에게만 보상한다. 최근 케냐에서 경험했듯이 그런 불평등과 불의는 민족 갈등의 뿌리가 된다.

다문화 세계는 다양성을 받아들이고, 다른 점에 마음을 열게 만든다. 구성원 간의 단결과 팀워크 구축을 위해 연수 프로그램에 다양성 훈련을 포함시키는 기업과 종교단체가 많다. 우리가 다르다는 것을 이해하고 받아들이지 않는다면, 평화와 연대를 이룰 가망이 없다.

우리는 얼룩말처럼 개성을 선물로 받아들일까? 근사하게 다양한 우리 지구에 다양한 언어, 문화, 관습, 배경이 있다는 것을 축하하자!

. . .

외국에 나가 있을 때면, 낯설고 어색함을 느끼는 경우가 종종 있다. 그런 어색함은 눈빛과 마음을 통해 곧 해소되는데, 언어의 차이, 문화의 차이로 인해 '다름'에 대해 이해할 시간을 갖게 된다.

차이를 통해 자신의 정체성을 생각하고 자신의 독특함이 무엇인지 생각하는 것은 좋은 경험이다. 자기의 중심에 무엇이 있는지, 무엇이 없어도 살 수 있는지, 자기 자신을 유지하는 데 필수적인 것은 무엇인지 생각해보자.

나에 대한 이해가 깊어지면, 다른 사람에 대한 이해도 깊어질 것이다.

도움을 준 책들

Bailey, Simon. The Well Within: Parables for Living and Dying. London: Darton, Longman & Todd, 1996.

Bould, Geoffrey, ed. Conscience Be My Guide: An Anthology of Prison Writings. London: Zed Books, 2005.

Christian Community Bible. 18th ed. Chicago: Claretian Publications, 1995.

Estes, Richard D. The Safari Companion: A Guide to Watching African Mammals. Harare: Tutorial Press, 1993.

Mandela, Nelson. Long Walk to Freedom: The Autobiography of Nelson Mandela. Boston: Little, Brown, 1994.

Mumpande, Isaac. Silent Voices. Harare: Silveira House with Weaver Press, 2006.

National Audubon Society. Field Guide to African Wildlife. New York: Alfred A. Knopf, 1995.

Nyerere, Julius K. Freedom and Development. London: Oxford University Press, 1973.

Schreiter, Robert J. Reconciliation: Mission and Ministry in a Changing Social Order. Maryknoll, N.Y.: Orbis Books, 1992.

Tutu, Desmond. God Has a Dream: A Vision of Hope for Our Time. New York: Doubleday/Image, 2005.

―――. No Future without Forgiveness. New York: Doubleday/Image, 1999.

Vanier, Jean. I Walk with Jesus. New York: Paulist Press, 1986.

Wicks, Robert J. Touching the Holy. Notre Dame, Ind.: Ave Maria Press, 1992.

옮긴이 | **공경희**
전문 번역가로 1965년 서울에서 태어나 서울대학교 영어영문학과를 졸업했다. 성균관대학교 번역대학원 겸임교수를 역임했으며, 서울여자대학교 영어영문학과 대학원에서 강의했다. 시드니 셸던의 「시간의 모래밭」으로 처음 번역을 시작하여 「호밀밭의 파수꾼」, 「모리와 함께 한 화요일」, 「비밀의 화원」, 「매디슨 카운티의 다리」, 「파이 이야기」, 「천국에서 만난 다섯 사람」, 「우리는 사랑일까」, 「행복한 사람, 타샤 튜더」, 「우연한 여행자」, 「꿈꾸는 아이」 등 다수의 베스트셀러를 우리말로 옮겼다.

KI신서 4050

바오밥나무는 내게 비우라 하네

1판 1쇄 인쇄 2012년 7월 31일
1판 1쇄 발행 2012년 8월 10일

지은이 제니스 맥로플린 **옮긴이** 공경희
펴낸이 김영곤 **펴낸곳** (주)북이십일 21세기북스
부사장 임병주
MC기획1실장 김성수 **BC기획팀** 심지혜 장보라 양으녕 **해외기획팀** 김준수 조민정
출판개발실장 주명석 **편집2팀장** 최진 **책임편집** 조혜정 **디자인** 양란희
마케팅영업본부장 최창규 **마케팅** 김현섭 강서영 **영업** 이경희 정병철
출판등록 2000년 5월 6일 제10-1965호
주소 (우413-120) 경기도 파주시 회동길 201(문발동)
대표전화 031-955-2100 **팩스** 031-955-2151 **이메일** book21@book21.co.kr
홈페이지 www.book21.com
21세기북스 트위터 @21cbook **블로그** b.book21.com

ISBN 978-89-509-3806-2 03840

책 값은 뒤표지에 있습니다.

이 책 내용의 일부 또는 전부를 재사용하려면 반드시 (주)북이십일의 동의를 얻어야 합니다.
잘못 만들어진 책은 구입하신 서점에서 교환해 드립니다.